一問一答シリーズ

一問一答
●
令和4年
# 民法等改正
親子法制の見直し

東京高等裁判所判事
（前法務省民事局参事官）
佐藤隆幸 ●
編著

商事法務

●はしがき

　民法等の一部を改正する法律（令和 4 年法律第 102 号）が、令和 4 年 12 月 10 日、第 210 回国会（臨時会）において成立し、同月 16 日に公布されました。

　改正法の規定のうち民法の懲戒権に関する規定の見直しに係る部分並びに児童福祉法及び児童虐待の防止等に関する法律の規定の見直しに係る部分については、公布の日から直ちに施行されており、その余の改正法の規定は、令和 6 年 4 月 1 日から施行されます。

　改正法は、児童虐待等の防止を図る観点から民法の懲戒権に関する規定を見直すとともに、いわゆる無戸籍者問題を解消する観点から嫡出推定制度を見直すものであり、その他の改正事項（女性の再婚禁止期間の廃止、認知無効の訴えの規律の見直し等）を含め、国民生活に大きな影響を及ぼす内容となっています。そもそも、民法の定める親族関係の基本的な規律は、1898 年の明治民法の施行から数えて約 120 年間、大きな変更なく維持されてきたものですが、今般の法改正により、これが初めて抜本的に見直されたということになります。

　今般の法改正の直接の契機となった社会的課題である児童虐待等の防止及び無戸籍者問題の解消は、いずれも喫緊の対応を必要とするものであり、これらの問題の当事者及びその支援等に携わる方々には、それぞれが向き合う問題状況の解決に向けて、改正法の意義や内容を十分に理解した上で、これを適時・適切に活用していただくことが望まれるところです。

　また、改正法における見直しの対象は、親権者による子の監護・教育に関する規律、子の父が誰であるかを定めるための規律、婚姻の要件に関する規律等、いずれも国民生活の基盤に関わる基本的かつ重要な事柄についてのルールですから、いかなる検討を経て、どのような規定が設けられるに至ったのかについては、できるだけ多くの方々に、広く理解していただくべきものと考えられます。

　そこで、本書では、改正法の趣旨及び内容について、一問一答形式により分かりやすく解説することにしました。もとより、改正法による改正事項には様々な内容・性質のものが含まれており、その解釈・運用に関わる論点も

多岐にわたりますので、それら全てを網羅的に取り上げることは困難ですが、児童福祉や戸籍等の分野における行政実務を担う方々や、裁判実務に携わる方々を含め、様々な立場の方々に本書を参照していただくことを念頭に、改正法の主要な規律の根底にある基本的な考え方をできるだけ明らかにしつつ、幅広い読者の関心に応えることができるような内容とすることを心掛けました。

　本書の執筆は、編著者である佐藤のほか、法務省民事局において改正法の立案事務に従事した古谷真良、砂山博之、濱岡恭平、水谷遥香が分担して行い、佐藤が全体の調整を行いました。また、執筆に当たっては、かつて同局に在籍し、改正法の立案準備に大きく寄与した平田晃史、小川貴裕の両氏から、有益な助言等をいただきました。なお、本書中意見にわたる部分は、筆者らの個人的な見解を述べたものにすぎず、本書の記載内容についての責任もまた、すべて筆者らが負うものです。

　今般の法改正が実現したのは、法制審議会民法（親子法制）部会において部会長を務められた大村敦志教授（学習院大学大学院法務研究科）をはじめとする同部会の委員・幹事の方々のほか、ご自身の貴重な経験や知見を惜しみなく共有してくださった方々、更にはこの法改正に関心を寄せてくださった多くの方々のご理解とご協力のおかげにほかなりません。一人一人のお名前を挙げることはできませんが、この場をお借りして、皆々様に対して、心よりのお礼を申し上げます。また、本書の刊行に当たっては、株式会社商事法務コンテンツ制作部の辻有里香氏、中崎祥子氏に大変お世話になりました。記して謝意を表します。


　令和6年1月

　　　　　　　　　東京高等裁判所判事（前法務省民事局参事官）　佐藤　隆幸

## ●凡　例

　本書中、法令の条文等を引用する場合に用いた略語は、次のとおりです。

| | |
|---|---|
| 改正法 | 民法等の一部を改正する法律（令和 4 年法律第 102 号） |
| 改正法案 | 民法等の一部を改正する法律案 |
| 附則 | 改正法附則 |
| 第○条 | 民法（明治 29 年法律第 89 号）第○条 |
| 改正前の第○条 | 改正法による改正前の民法第○条 |
| 改正後の○○法 | 改正法による改正後の○○法 |
| 改正前の○○法 | 改正法による改正前の○○法 |
| 児童虐待防止法 | 児童虐待の防止等に関する法律（平成 12 年法律第 82 号） |
| 生殖補助医療法 | 生殖補助医療の提供等及びこれにより出生した子の親子関係に関する民法の特例に関する法律（令和 2 年法律第 76 号） |

一問一答　令和 4 年民法等改正
──親子法制の見直し

もくじ

**第 3　嫡出否認制度の見直し**

［1　嫡出否認権者等］

# 第1章 | 総　　論

## Q1　改正法の趣旨・概要は、どのようなものですか。

**A**
### 1　改正法の趣旨

改正法は、親子法制をめぐる喫緊の課題である無戸籍者問題の解消、児童虐待等の防止に対応し、子の利益を保護する観点から、民事基本法制の見直しを行うものです。その概要は、以下のとおりです。

### 2　嫡出推定制度に関する規定等の見直し

無戸籍者問題を解消する観点から、民法の実親子関係に関する規律のうち、嫡出推定制度に関する規律を見直し、嫡出の推定が及ぶ範囲を見直すとともに、嫡出否認をすることができる者の範囲を拡大し、出訴期間を伸長することとしています。

また、嫡出推定制度の見直しに伴い、女性のみに存在する再婚禁止期間を廃止するとともに、同じく実親子関係に関する規律である認知無効の訴えについて、提訴権者及び出訴期間を制限する規律を新設することとしています。

### 3　懲戒権に関する規定等の見直し

児童虐待等を防止する観点から、民法の親権者の懲戒権に係る規定を削除し、子の監護及び教育における子の人格の尊重等の義務や、体罰等の禁止を定めるなどの措置を講じています。

### 4　民法以外の法律の改正

以上のような民法の改正内容を踏まえて、改正法では、関連する法律についても、以下のような見直しを行っています。

児童福祉法及び児童虐待防止法については、親権者や児童相談所長等が児童に対して行う監護及び教育等に関する必要な措置について、子の監護及び

教育等に係る民法の一部改正と同様の見直しを行っています。

　人事訴訟法及び家事事件手続法については、嫡出否認の判決又は審判が確定した場合に、その内容をこの判決等により嫡出推定を受けることになる母の前夫に通知すること等の規定を設けています。

　生殖補助医療法については、第三者の精子を用いた生殖補助医療により出生した子について、妻及び子の嫡出否認権を制限する規定を設けています。

　国籍法については、事実に反する認知の効力を民事上は争えなくなった場合でも、事実に反する認知によっては日本国籍を取得することができないことに変更はないことを明らかにする規定を設けています。

## Q2    改正法案の提出に至る経緯は、どのようなものですか。

**A**

### 1  背景となる社会情勢等

　民法の親子法制に関して、喫緊の対応を必要とする課題として、かねてより、①親権者の懲戒権に関する規定（改正前の第822条）をめぐる課題、②無戸籍者問題をめぐる課題、の二つが指摘されていました。

#### (1)  親権者の懲戒権に関する規定をめぐる課題

　親権者の懲戒権に関する規定については、児童虐待等を正当化する口実に利用されているとの指摘があったことを踏まえ、平成23年の民法改正の際にその見直しが行われ、懲戒権は子の利益のために行使されるべきものであり、子の監護及び教育に必要な範囲を超える行為は懲戒権の行使に当たらないことが明確にされました<sup>(注1)</sup>。

　もっとも、この見直しの後も、引き続き同様の指摘が存在したところ、令和2年4月1日に施行された児童虐待防止対策の強化を図るための児童福祉法等の一部を改正する法律（令和元年法律第46号）では、児童虐待防止法に親権者による体罰の禁止が明文で定められるとともに、「政府は、この法律の施行後2年を目途として、民法……第822条の規定の在り方について検討を加え、必要があると認めるときは、その結果に基づいて必要な措置を講ずるものとする。」との検討条項が設けられました。

#### (2)  無戸籍者問題をめぐる課題

　無戸籍者問題とは、子の出生の届出をすべき者が、何らかの理由によって出生の届出をしないために、戸籍に記載されない子が存在するという問題を指します（Q5参照）。この問題に関し、改正前の第722条により、婚姻の解消等の後300日以内に生まれた子は、一律に（前）夫の子と推定されるものとされていることから、（前）夫以外の者との間の子を出産した女性が、戸籍上その子が（前）夫の子と記載されることを避けるために出生届を提出しないことが、無戸籍者が生ずる一因であると指摘されてきました。

　政府においては、無戸籍者問題の解消のため、様々な取組を進めてきましたが（Q6参照）、個別的な支援による無戸籍者問題の解消に限界があることは否定し難いところであり、将来にわたり無戸籍者問題を抜本的に解消して

いくためには、嫡出推定制度等に係る法制上の課題に取り組む必要があるものと考えられました。


## 2　法制審議会における調査・審議

　以上のような社会情勢等を踏まえ、法務大臣は、令和元年6月、法制審議会第184回会議において、「児童虐待が社会問題になっている現状を踏まえて民法の懲戒権に関する規定等を見直すとともに、いわゆる無戸籍者の問題を解消する観点から民法の嫡出推定制度に関する規定等を見直す必要があると考えられるので、その要綱を示されたい。」との諮問をし（諮問第108号）、これを受けて、法制審議会に民法（親子法制）部会が設置されました[注2]。

　民法（親子法制）部会では、令和元年7月以降開催された合計25回の会議において、諮問事項について多角的な観点からの調査・審議が行われ、令和4年2月1日、その成果が「民法（親子法制）等の改正に関する要綱案」として取りまとめられました。

　そして、令和4年2月14日開催の法制審議会第194回会議において、この要綱案どおりの内容で「民法（親子法制）等の改正に関する要綱」が決定され（資料1参照）、同日、法務大臣に対し答申されました。


　（注1）　平成23年の民法改正では、身上監護に関する第820条に「子の利益のために」との文言を挿入した上で、改正前の第822条の文言を「第820条の規定による監護及び教育に必要な範囲内でその子を懲戒することができる」とすることによって、懲戒が子の利益のために行使される監護及び教育に必要な範囲内で認められることを明確にしたほか、改正前の第822条の規定のうち懲戒場に関する部分を削除する等の改正が行われました。
　（注2）　部会長には大村敦志学習院大学法科大学院教授が選任されました。

## Q3  改正法案の国会における審議の経過及び内容は、どのようなものですか。

**A**  ### 1  審議の経過

　政府は、法制審議会から答申された「民法（親子法制）等の改正に関する要綱」（Q2参照）を踏まえて法律案の立案作業を進め、令和4年10月14日、第210回国会（臨時会）に改正法案を提出しました。

　改正法案については、衆参両院の各法務委員会への付託に先立ち各本会議において趣旨の説明を聴取するとの取扱いがされ、先議議院である衆議院においては、令和4年11月1日、本会議における趣旨説明及びこれに対する質疑が行われ、同月2日以降は法務委員会における審査に付されて、参考人の意見陳述及びこれに対する質疑、対政府質疑を経た上で、同月9日開催の法務委員会において全会一致により可決され、同月17日開催の本会議において賛成多数により可決されて、改正法案は衆議院を通過しました。

　改正法案の送付を受けた参議院においては、令和4年11月18日、本会議における趣旨説明及びこれに対する質疑が行われ、同月22日以降は法務委員会における審査に付されて、参考人の意見陳述及びこれに対する質疑、対政府質疑を経た上で、同年12月8日開催の法務委員会において全会一致により可決され、その後、第210回国会の会期最終日である同月10日開催の本会議において賛成多数により改正法案は可決され、これをもって改正法が成立し、同月16日に公布されました。

### 2  審議の内容

　衆参両院の審議を通じ、児童虐待等の防止及び無戸籍者問題の解消という改正法の目的に照らした個々の改正事項の意義や、その国民への周知の重要性等を巡る質疑に多くの時間が充てられました。

　また、改正後の国籍法第3条第3項に関し、日本国民が認知をした子であって国籍法所定の届出により日本国籍を取得したものについて、当該認知が事実に反するものであったために日本国籍取得が当初から無効であった場合には、当該子の地位が過度に不安定となるのではないか、との観点からの質疑にも相当の時間が費やされました[(注)]。

　（注）　このような審議の経緯・内容は、衆参両院の各法務委員会において改正法案の可決時に決定された附帯決議（資料4-1、資料4-2参照）の内容にも、色濃く反映されているものといえます。

# 第2章 嫡出推定制度の見直し

## 第1 総論

**Q4** 嫡出推定制度の見直しの概要は、どのようなものですか。

**A**

### 1 目的

改正法は、主に無戸籍者問題（Q5 参照）を解消する観点から、嫡出推定制度とこれに関連する規定を総合的に見直しています。

### 2 嫡出推定規定の見直し

改正法による改正前の嫡出推定規定においては、婚姻の解消等の後 300 日以内に生まれた子は、一律に（前）夫の子と推定するものとされています。しかし、このような規律の下で、（前）夫以外の者との間の子を出産した女性が、戸籍上その子が（前）夫の子と記載されることを避けるために出生届の提出をためらうという事態が生じ、それが無戸籍者が生じる要因となっているとの指摘があります。

そこで、改正法では、生物学上の父子関係に合致する出生の届出を容易にする観点から、離婚後 300 日以内に生まれた子は前夫の子と推定する規律を原則として維持しつつ、母が再婚した後に生まれた子は再婚後の夫の子と推定するとの例外を設けることとしています。

### 3 嫡出否認制度の見直し

また、改正法による改正前の嫡出否認制度の下では、嫡出推定の及ぶ子について、夫が 1 年以内に提起する嫡出否認の訴えによってのみ当該推定を否認することができるものとされています。そのため、生物学上の父子関係がない場合であっても、母等のイニシアティブで否認することはできず、出生

の届出をすることが困難となる事例が生じているとの指摘があります。

　そこで、改正法では、子及び母にも嫡出否認権を認めるとともに、嫡出否認の訴えの出訴期間を3年に伸長することとしています。

## Q5　無戸籍者問題とはどのような問題ですか。また、無戸籍者の人数や、無戸籍状態となった理由は把握できるのですか。

**A**

### 1　無戸籍者問題とは

　いわゆる無戸籍者問題とは、子の出生の届出をすべき者が、何らかの理由によって届出をしないために、戸籍に記載されない子が存在するという問題を指します。無戸籍者は、国民でありながら戸籍という社会的な基盤が与えられておらず、社会生活上様々な不利益を受けることとなり、人間の尊厳にも関わる重大な問題です。

### 2　無戸籍者の人数

　無戸籍者の人数を正確に把握することは困難ですが、無戸籍者問題の解消のための取組の一環として、その実態把握等に努めている法務省の集計によれば、集計を開始した平成26年9月から改正法が成立した令和4年12月までの間に無戸籍者として把握された方の累積人数は4,361名であり、そのうち無戸籍状態が解消されるに至った方の累積人数は3,584名でした[注1]。

　ただし、無戸籍者が日々新たに把握されている状況を踏まえると、いまだ把握されていない無戸籍者も相当数存在するものと考えられます。

### 3　無戸籍状態となった理由

　法務省において、改正法が成立した令和4年12月の時点で把握していた無戸籍者を対象として行った調査の結果によれば、無戸籍者が戸籍に記載されていない理由は、次のとおりでした[注2]。

- ・　（前）夫の嫡出推定を避けるため　　　　　約73%
- ・　記憶喪失等、本籍が認識できないため　　　約11%
- ・　不明、その他　　　　　　　　　　　　　　約15%

　（注1）　したがって、令和4年12月の時点で法務省が把握していた無戸籍者数は、777名（＝被把握者の累積人数4,361名から解消者の累積人数3,584名を差し引いた人数）となります。

　（注2）　「記憶喪失等、本籍が認識できないため」又は「不明、その他」との理由に基

づく無戸籍者については、実際には戸籍に記載されているにもかかわらず、当該戸籍を特定することができないために無戸籍者として把握されているにすぎないとの可能性を排除することができず、「(前)夫の嫡出推定を避けるため」との理由に基づく無戸籍者とは、問題の性質を異にする面があるものと考えられます。

　なお、本文記載の各割合の合計が100％未満であるのは、小数点以下の数値処理に由来するものです。

## Q6　政府は、無戸籍者問題にどのように対応してきたのですか。

**A**　政府においては、無戸籍者問題の解消のため、これまでに様々な取組を行ってきており、平成 27 年 5 月からは、法務省に無戸籍者ゼロタスクフォースが設置されて、総務省、文部科学省、厚生労働省を含む関係機関間の連携の強化が図られています。

また、法務省の地方支分部局である法務局等を中心として、法テラス、弁護士会等の関係機関との連携の下に、一人一人に寄り添い、戸籍の記載に必要な届出や裁判上の手続がとられるよう支援する「寄り添い型」の取組が実施されています。具体的には、法務局や市区町村の職員が、無戸籍者の母親等に定期的に連絡をしたり、個別に訪問したりするなどしつつ、戸籍の記載に必要な届出や裁判上の手続がとられるよう支援を行うとともに、法務局等に弁護士費用等について相談があった場合には、法テラスの民事法律扶助制度を案内するなどの支援が行われています。

さらに、近時は、無戸籍者やその母親等の関係者に相談を促すため、法務省ウェブサイト上の「無戸籍でお困りの方へ」のページのコンテンツの一層の充実を図るなどの取組も進められています。

なお、戸籍実務における取扱いとして、離婚後に懐胎された子について、懐胎時期に関する医師の証明書を添付することにより、（前）夫の子ではないものとして出生届を提出することが可能となっていること（Q17 参照）も、無戸籍者問題に対する行政的対応の一例と位置付けることができます。

## Q7　改正法の成立を踏まえた無戸籍者問題についての今後の取組は、どのようなものになるのですか。

**A**　改正法は、無戸籍者問題を解消する観点から、嫡出推定制度等を見直すものですが、その目的を十分に達成するためには、改正法の内容・趣旨の周知を徹底することに加えて、引き続き、政府及び関連機関におけるきめ細やかな取組が重要となると考えられます。

したがって、現在、無戸籍者問題の解消のために法務局等が中心となって実施している、一人一人に寄り添い、戸籍の記載に必要な届出や裁判上の手続がとられるよう支援する「寄り添い型」の取組等（Q6参照）については、今後もしっかりと継続されていくとの方針が示されています。

また、改正法は、経過措置として、施行日である令和6年4月1日より前に生まれた子についても、同日から1年間に限って、子や母による嫡出否認権の行使を認めることとしています。無戸籍者問題の抜本的な解消を図るという観点からは、この経過措置に係る嫡出否認権が適切に行使されるよう、その機会が実質的に確保されることが重要です。そこで、政府においても、無戸籍者として把握されている方に対しては、嫡出否認権の行使の機会を逸することのないよう、個別に改正法の内容をお知らせすることとしているほか、無戸籍者として把握されるに至っていない方を含む国民一般に向けて、関係機関・関係団体とも連携しつつ、法務省ウェブサイト等を通じて、広く制度の周知を図るなどの取組が行われていくことが予定されています。

なお、改正法の概要及び説明資料等については、改正法の成立直後から法務省ウェブサイト[注]に掲載され、参照することができる状態となっています。

（注）　https://www.moj.go.jp/MINJI/minji07_00315.html

## Q8    諸外国等では、父子関係はどのように定められていますか。

 諸外国等の父子関係に関する制度の概要は、次のとおりです[注]。

### 1　父子関係の成立

　ドイツ、フランス、アメリカ（統一親子関係法案を採択した州。以下同じ。）、韓国、台湾、オーストリアでは、我が国と同様に、婚姻を基礎として父子関係を成立させる制度を有しているほか、父の認知による父子関係の成立を認めています。

　また、これらの国等のうち、ドイツ、フランス、アメリカ、オーストリアでは、裁判による父子関係の成立を認めています。

### 2　嫡出推定制度

　韓国及び台湾は、我が国と同様、妻が婚姻中に懐胎した子は、夫の子と推定することとしつつ、懐胎期間を考慮して、婚姻の成立後一定期間経過後又は婚姻の終了後一定期間内に生まれた子は、婚姻中に懐胎したものと推定する規定を置いています。

　また、ドイツ、オーストリア、フランス、アメリカは、子の出生時における母の夫を父とする法制を採用しています。このうち、フランスは、婚姻の解消の原因を問わず、婚姻の解消後300日以内に生まれた子は、前夫の子と推定するものとしているのに対し、ドイツ及びオーストリアは、夫の死亡により婚姻が解消したときに限り、その解消後300日以内に生まれた子は前夫の子とすることとしています。

　このほか、イングランドでは、子の遺伝上の父が法的な父となりますが、出生登録に当たっては、婚姻している女性が生んだ子について、父として夫の名が挙げられたときは、原則として、夫の名が登録されることとされています。

　（注）　公益社団法人商事法務研究会「各国の親子法制（養子・嫡出推定）に関する調査研究業務報告書」（平成30年12月）

**Q9** 諸外国等では、嫡出否認制度について、どのように定められていますか。

**A** 諸外国等の嫡出否認制度の概要は、次のとおりです<sup>(注)</sup>。

## 1　嫡出否認権者の範囲

　ドイツ、フランス、韓国、台湾、オーストリアは、我が国と同様に、婚姻により父子関係が推定される子について、当該父子関係を争うための特別の訴えを設けていますが、そのような訴えを提起することができる者は様々です。

　具体的には、

　　・　ドイツ及びフランスでは、父、子、母及び生物学上の父と見込まれる者（ただし、フランスについては、出生証書と身分占有（父子関係の社会的事実）が一致している場合において、その身分占有が5年未満であるとき）が、

　　・　韓国では父及び母が、

　　・　台湾では父、子及び母が、

　　・　オーストリアでは父及び子が、

それぞれ訴えを提起することができるものとされています。

　このほか、アメリカ及びイングランドでは、民事訴訟手続により父子関係を争うことができるものとされていますが、アメリカでは、父、子、母、判決により子の父とされるべき者、子ども支援機関等が、父子関係を争うことができるものとされています。

## 2　嫡出否認権の行使期間

当該訴えを提起することができる期間について、

　　・　ドイツ、韓国、台湾、オーストリアは、嫡出否認権者が父子関係の存在を疑わせる事実を知った時から2年間、

　　・　アメリカは、子の出生の日から2年間、

　　・　フランスは、出生証書と身分占有が一致している場合において、その身分占有が5年未満であるときについて、身分占有が終了した日又

は父が死亡した日から5年間等、
としています。なお、イングランドは、特段の期間制限を設けていません。

### 3　成年に達した後の子の嫡出否認権

　婚姻により父子関係が推定される子について、子に嫡出否認権を認めている国等として、ドイツ、フランス、アメリカ、イギリス、台湾、オーストリアがあります。

　このうち、ドイツ、台湾、オーストリアについては、子が成年に達した後、少なくとも2年間は子自身が嫡出否認権を行使することができるものとしています。

　（注）　公益社団法人商事法務研究会「各国の親子法制（養子・嫡出推定）に関する調査研究業務報告書」（平成30年12月）

## 第2　嫡出推定規定の見直し

> **Q10**　嫡出推定規定を見直し、女性が婚姻をする前に懐胎していた子であっても、婚姻が成立した後に生まれたものについては、当該婚姻の夫の子と推定することとしていますが、その趣旨は何ですか（第772条第1項後段関係）。

**A**　第772条第1項後段は、女性が婚姻前に懐胎した子であって、婚姻が成立した後に生まれた子は、一律に夫の子と推定するものとしています。

改正法による改正前は、女性が婚姻前に懐胎した子は、婚姻が成立した後に生まれたとしても、民法上夫の子とは推定されないことを前提としつつ、戸籍実務では、婚姻の成立の日から200日以内に生まれた子について、嫡出子としての出生届が提出されたときは、夫婦の子として戸籍に記載することとされており<sup>(注1)</sup>、法務省による調査では、婚姻の成立の日から200日以内に生まれた子の約99.5％が嫡出子として戸籍に記載されていました<sup>(注2)</sup>。

もっとも、婚姻の成立の日から200日以内に生まれた子は、民法上夫の子とは推定されないため、その父子関係の存否は、嫡出否認の手続によることなく、誰からでも、いつまででも争うことが可能であり、子の身分関係が不安定になっているとの指摘がありました。

そこで、婚姻の成立の日から200日以内に生まれた子については、圧倒的多数が嫡出子として届出がされていること、すなわち、夫と子との間に生物学上の父子関係がある蓋然性が高いという実態があることや、いわゆる「授かり婚」の割合が長期的に増加傾向をたどってきたこと等に鑑み<sup>(注3)</sup>、改正法では、子の身分関係を早期に安定させ、子の利益を保護する観点から、第772条第1項後段の規律を設け、女性が婚姻前に懐胎した子であっても、婚姻が成立した後に生まれたものは、一律に夫の子と推定するものとしています。

［改正前の制度］

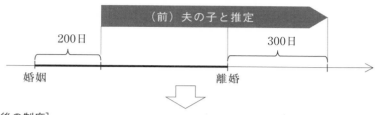

［改正後の制度］

（注1）　昭和15年4月8日付け民事甲第432号民事局長通牒

（注2）　母の婚姻後200日以内に出生届が提出された子について

　法務省において、平成26年から平成28年までの間に全国で出生届が提出された子（302万9,074件）のデータ（平成29年6月時点のもの）を調査した結果は次のとおりです。

①　婚姻後200日以内に出生届が提出された子の数　　　27万9,581件（9.2%）

②　①のうち推定されない嫡出子の数　　　27万8,299件（①の99.5%）

③　①のうち母の前夫の嫡出子の数（離婚後300日以内）　　　58件（①の0.02%）

④　①のうち嫡出でない子の数　　　31件（①の0.01%）

⑤　①のうち上記②～④以外　　　1,193件（①の0.4%）

（注3）　人口動態特殊統計報告（出生に関する統計）によれば、出生時において父母の結婚期間が母の妊娠期間よりも短い子（「結婚週数＜妊娠週数－3週」で出生した子）が嫡出第一子に占める割合は、昭和55年には12.6%であったのが、平成10年代にはおおむね25%の水準まで増加し、平成20年代以降はおおむね20%前後で推移しています。

**Q11**　女性が婚姻をする前に懐胎していた子であって、婚姻が成立した後に生まれた子は、出生の時までにその婚姻が離婚等により終了していた場合でも、当該婚姻の夫の子と推定されるのですか（第772条第1項後段関係）。

**A**　第772条第1項後段は、女性が婚姻前に懐胎した子であって、婚姻が成立した後に生まれた子は、一律に夫の子と推定するものとしています。

そして、この規律は、母が、子の出生までに夫と離婚していた場合にも適用され、子は、離婚した夫の子と推定されることとなります。

これは、妻が婚姻前に懐胎し、かつ、婚姻後に出生した子については、そもそも夫の生物学上の子である蓋然性が高いと考えられるところ、このことは、子の出生前に婚姻の解消又は取消しに至ったからといって変わるものではないと考えられること等を根拠としています。

なお、子の出生前に婚姻が解消される事案の中には、具体的な経緯に照らす限りその婚姻の夫の子である蓋然性は低いと見られる事案も含まれ得ると考えられます。しかし、親子関係の成立に関する基本的な要件を定める規律については、内容が明確で、いたずらに複雑ではないものであることが強く求められること、また、個別の事案における具体的事情は、嫡出否認の手続等において考慮することが可能であること等から、上記のような事案を想定した例外的な規律は設けないこととしたものです。

## Q12　改正法においても、婚姻中に懐胎した子を夫の子と推定するとの規律を維持していますが、その趣旨は何ですか（第772条第1項前段関係）。

**A**　1　改正法の規律

第772条第1項前段は、婚姻中に懐胎した子は夫の子と推定することとしており、改正法による改正前の規律を維持しています(注)。

2　嫡出推定制度の意義

嫡出推定制度の意義は、婚姻関係を基礎として父子関係を推定することで、子について逐一父との遺伝的つながりの有無を確認することなく、子の出生の時点で父子関係を定め、子の地位の安定を図ることにあります。そして、このような嫡出推定制度の意義は、DNA型鑑定等が発展した現在でも何ら変わるものではなく、子の利益を図る上で重要な役割を果たしているものといえます。

3　婚姻中に懐胎した子を夫の子と推定する規律を維持した理由

一般的な経験則に照らすと、妻が婚姻中に懐胎した子は夫の子である蓋然性が高いということができます。このことは、改正法による改正の前後で変わるものではないことから、婚姻中に懐胎した子は夫の子と推定する規律を維持することとしたものです。

(注)　いわゆる懐胎主義と分娩主義について

改正法では、女性が婚姻前に懐胎した子であって婚姻が成立した後に生まれた子についても夫の子と推定する規律を追加しており、その結果、婚姻中に生まれた子は、その懐胎時期を問わず、夫の子と推定されることとなります。そうすると、子の父を推定する制度としては、懐胎時期ではなく、出生時期により定まるものとすることも考えられるところです（分娩主義）。

しかし、婚姻している間に生まれた子を夫の子と推定するルールのみでは、例えば、母が離婚した直後に再婚をしたケースにおいて、離婚から再婚までの間に子が出生した場合、子の父は前夫又は再婚後の夫のいずれかである可能性が相当高いにもかかわらず、父が存在しないことになって、子の利益の観点から問題が生ずると考えられます。

　こうした点を踏まえ、出生時期により子の父を推定する制度ではなく、婚姻中に懐胎した子は夫の子と推定する（懐胎主義）こととしたものです。

## Q13　出生届に際して DNA 型鑑定を行って子の法律上の父を定めるといった制度にしなかったのはなぜですか。

**A**　嫡出推定制度を廃止し、出生した子の父を定めるためには DNA 型鑑定等を実施する必要があるといった制度とすることについては、家庭の平穏を害する懸念があるとの指摘があるほか、手続的な負担の増加も見込まれ、さらに、父が鑑定に応じないときは、子の父が確保されないおそれがある等、子の利益の観点からも重大な問題があると考えられます。

　他方で、嫡出推定制度の意義は、婚姻関係を基礎として父子関係を推定することで、子について逐一父との遺伝的つながりの有無を確認することなく、子の出生の時点で父子関係を定め、子の地位の安定を図ることにあり、このような嫡出推定制度の意義は、DNA 型鑑定等が発展した現在でも何ら変わるものではありません（Q12 参照）。

　これらの点を踏まえ、出生届に際して DNA 型鑑定を行って子の法律上の父を定めるといった制度にはしなかったものです。

**Q14** 女性が婚姻をした日から200日以内に生まれた子について、当該婚姻前に懐胎した子と推定することとしていますが、その趣旨は何ですか（第772条第2項関係）。

**A**
### 1　改正法の規律の概要

第772条第2項は、子の出生時期が婚姻の成立の日から200日を経過した後又は婚姻の解消若しくは取消しの日から300日以内であるときは、その子は婚姻中に懐胎したものと推定するという従前からの規律を維持した上で、婚姻の成立の日から200日以内に生まれた子は、婚姻前に懐胎したものと推定するとの規律を追加しています。

### 2　従前の規律の趣旨

改正前の第772条第2項の趣旨は、客観的に明らかな事実である出生時期を基準として、子が婚姻中に懐胎したものであるか否かを判断することができるようにすることにあります。

### 3　改正法の規律の趣旨

改正法では、婚姻中に懐胎した子は夫の子と推定するとの規律を維持した上で（第772条第1項前段）、女性が婚姻前に懐胎した子であって婚姻が成立した後に生まれた子についても、一律に夫の子と推定する規定を設けることとしています（同項後段）。

そして、この追加された規律に対応して、出生時期を基準として懐胎時期が婚姻前であることを推定する規律を新たに設けることで、嫡出推定を受ける全ての子について、第772条第1項前段と同項後段のいずれの規定が適用されるかを明確にすることが可能となります[注]。

この点、例えば、婚姻の成立の日から150日後に生まれた子については、改正法による改正前は、出生届における父を夫とするか夫以外の者とするかは明確に定まらなかったところですが、改正法の下では、第772条第2項に追加された規律により婚姻前に懐胎したものと推定され、更に同条第1項後段により夫の子と推定されることとなり、一般国民にとっても明確で分かりやすい規律になるものといえます。

[改正後の制度]

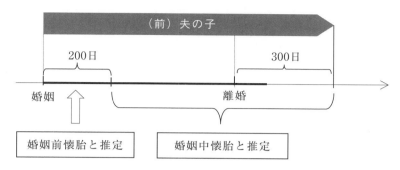

（注）　嫡出推定が及ばない子に関する判例法理との関係

　いわゆる嫡出推定が及ばない子に関する判例法理については、改正法の下でも基本的に維持されると想定することができますが（Q22参照）、その場合であっても、改正法によって新たに嫡出子と推定されることとなった「婚姻前に懐胎した子であって、婚姻が成立した後に生まれたもの」（第772条第1項後段）については、同法理がそのまま適用されるかを予断することは困難です。このような観点から、嫡出子と推定される子の懐胎時期が婚姻の前後いずれであるかを明確にする第772条第2項には、同法理の適用範囲との関係で、有用性が認められる可能性があるものと考えられます。

**Q15** 改正法による改正前は、婚姻の成立後200日以内に生まれた子について、母の選択により、嫡出子としての出生届と嫡出でない子としての出生届のいずれでも提出することができましたが、改正後は、嫡出子としての出生届しか提出することができなくなるのですか。

**A** 改正法による改正前は、戸籍実務上、婚姻の成立の日から200日以内に生まれた子について、嫡出子として出生届を提出することができるほか、嫡出でない子として出生届を提出することもできました[注]。

改正法では、女性が婚姻前に懐胎した子であって婚姻が成立した後に生まれた子は、一律に夫の子と推定するものとしており（第772条第1項後段）、その結果、婚姻の成立の日から200日以内に生まれた子については、原則として、嫡出でない子として出生届を提出することはできなくなります。

もっとも、婚姻の成立の日から200日以内に生まれた子であっても、嫡出否認の訴えにより夫の子であることが否認されれば、嫡出でない子として出生届を提出することはもちろん可能です。

（注）　昭和26年6月27日付け民事甲第1332号民事局長回答

## Q16
離婚をした日から 300 日以内に生まれた子について、婚姻中に懐胎したものと推定するとの規律を維持していますが、その趣旨は何ですか（第 772 条第 2 項関係）。

## A

### 1　規律の概要

　第 772 条第 1 項前段では、妻が婚姻中に懐胎した子は当該婚姻の夫の子と推定するとした上で、同条第 2 項では、婚姻の解消又は取消しの日から 300 日以内に生まれた子について、婚姻中に懐胎したものと推定することとしており、従前からの規律を維持しています。

### 2　従前の規律の根拠・趣旨

　従前からの規律は、①一般的な妊娠期間からすると、婚姻の解消等の日から 300 日以内に生まれた子については、婚姻中に懐胎した可能性が相当程度あること<sup>(注)</sup>、②生まれた子について、早期に父子関係を確定し、子の地位の安定を図ることができることを、その根拠・趣旨とするものです。

### 3　規律を維持する趣旨

　我が国では、協議離婚制度の下、離婚に先立って一定期間別居していること等は離婚の要件とされていません。そのため、婚姻中に夫の子を懐胎し、子の出生前に協議離婚に至り、その後に子を出生するといった事案も一定数存在するものと想定されます。そうすると、離婚に至る前の時期において、離婚後に出生した子の懐胎の契機としての夫婦の性関係の基盤が失われていたとは必ずしもいえず、上記 2 の①の根拠・趣旨については、改正法の下でも引き続き妥当するものと考えられます。

　また、婚姻の解消又は取消しの日以降に生まれた子について、一律に前夫の子と推定されないものとすると、真実は前夫の子である場合であっても、前夫の認知によらなければ直ちには子の法律上の父が確保されないこととなり、子の利益を害するおそれがあることから、上記 2 の②の根拠・趣旨についても、改正法の下でも引き続き妥当するものと考えられます。

　これらの点を踏まえて、改正法においては、婚姻の解消又は取消しの日から 300 日以内に生まれた子について、前夫の子と推定するとの規律を原則と

して維持することとしています。

　（注）　妊娠の期間等に関する報告書（法制審議会民法（親子法制）部会第17回参考資料17-1）によれば、妊娠齢43週0日（301日）で出生した場合には、性交渉から出生までの期間は、最長で292日（301 − 14（受精までの期間）＋5（精子が受精能を有する期間））と想定され、性交渉から300日という期間があれば、その性交渉により受精・着床して出生した子をほぼ全て捕捉することができるものと考えられます。

**Q17** 改正法による改正前は、離婚をした日から 300 日以内に生まれた子について、医師の証明書により離婚後に懐胎したことが明らかとなる場合には、嫡出推定が及ばないものとすることができましたが、この取扱いは、改正後も維持されますか。

**A** 改正法では、婚姻前に懐胎した子であっても、婚姻が成立した後に生まれた子を当該婚姻の夫の子と推定することとするとともに（Q10 参照）、婚姻中に懐胎した子は夫の子と推定するとの規律を維持していますが（Q12 参照）、離婚後に懐胎した子について（前）夫の子との推定は及ばないということについては、何ら変更はありません。

　したがって、離婚後に懐胎した子について、子が離婚後に懐胎されたことに関する医師の証明書を添付して出生届を提出することで、（前）夫の子でない出生届を提出することができるとの取扱い[注]は、改正法の下でも維持されることとなります。

（注）　平成 19 年 5 月 7 日付け法務省民一第 1007 号民事局長通達

**Q18**　女性が子を懐胎した時から子を出産する時までの間に複数の婚姻をしていたときは、その子は、その出生の直近の婚姻における夫の子と推定することとしていますが、その趣旨は何ですか（第 772 条第 3 項関係）。

**A**

### 1　改正法の規律

　第 772 条第 3 項は、女性が子を懐胎した時から子の出生の時までの間に 2 以上の婚姻をしていたときは、子は、その出生の直近の婚姻における夫の子と推定するものとしています。

### 2　改正法の規律の趣旨

　改正法では、婚姻中に懐胎した子は夫の子と推定するとの規律を維持した上で（第 772 条第 1 項前段）、女性が婚姻前に懐胎した子であって婚姻が成立した後に生まれた子についても、一律に夫の子と推定する規定を設けることとしています（同項後段）。そうすると、母が、前婚の婚姻中に懐胎したものの、前婚を解消し、再婚をした後に出生した子については、前婚の婚姻中に懐胎した子であることから、前婚の夫の子と推定されることとなる一方で、婚姻前に懐胎し、再婚をした後に出生した子であることから、再婚後の夫の子と推定されることとなり、第 772 条第 1 項前段と後段の推定が重複する事態が生じます。

　そこで、母の婚姻解消後 300 日以内に生まれた子であっても、その大多数は再婚後の夫の子としての届出がされているという実態<sup>(注)</sup>等に着目し、第 772 条第 3 項を設けて、女性が子を懐胎した時から子の出生の時までの間に 2 以上の婚姻をしていたときは、子は、その出生の直近の婚姻における夫の子と推定されることとしたものです。

　なお、母が戸籍で前夫の子と記載されることを避けるために出生届をしないことが無戸籍者問題の一因となっているとの指摘があることを踏まえると、前夫の子ではなく出生の直近の婚姻における夫の子と推定する第 772 条第 3 項の規定は、無戸籍者問題の解消に資する意義をも有するものといえます。

[改正前の制度]

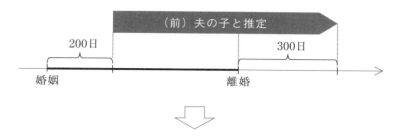

[改正後の制度]

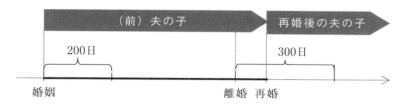

（注）　母の婚姻解消後300日以内かつ再婚後200日以内に生まれた子について

　法務省において、平成26年から平成28年までの間に全国で出生届が提出された子
（302万9,074件）のデータ（平成29年6月時点のもの）を調査した結果は次のとおりで
す。

①　母の婚姻解消後300日以内に生まれた子であって、母の婚姻（再婚）後200日以内
　　に生まれた子　　　　1,717人

②　①のうち母の現夫を父とする子（推定されない嫡出子）
　　　　　　　　　　　　1,659人（約96.6%）

③　①のうち母の前夫（婚姻解消後300日以内）を父とする子
　　　　　　　　　　　　58人（約3.4%）

**Q19**　嫡出否認の訴えにより、子の父であることが否認された場合において、その者を除いた上で、嫡出推定規定により子の父を推定することとしていますが、その趣旨は何ですか（第772条第4項関係）。

**A**　**1　改正法の規律**

　第772条第4項は、同条第1項から第3項までの規定により父が定められた子について、嫡出否認の訴えによりその父の嫡出であることが否認された場合における同条第3項の規定の適用については、その否認された夫との間の婚姻を除く（すなわち、否認された者を除いた上で子の父を推定する）ものとしています。

**2　改正法の趣旨**

　子の出生が前婚の解消等の日から300日以内であっても、再婚後に生まれた場合には、第772条第3項により、再婚後の夫の子と推定することとなりますが、再婚後の夫の子との推定が否認された場合には、子と再婚後の夫との間の父子関係は、子の出生時に遡って存在しなかったものとされます。他方で、前夫について、第772条第1項前段、第2項による嫡出推定の要件に欠けるところはないことからすると、再婚後の夫の子との推定が否認された場合には、前夫の子との推定を否定する理由はないものといえます。

　そこで、第772条第4項を設けて、再婚後の夫の子との推定が否認された場合には、前夫の子と推定することとしているものです。

## Q20 嫡出否認の訴えにより、再婚後の夫の子であることが否認され、前夫の子と推定することとなった場合において、その子の氏や戸籍はどのようになりますか。

**A** 　再婚後の夫の子と推定される子は、再婚後の父母の氏を称し、再婚後の父母の戸籍に記載されます（第790条第1項、戸籍法第18条第1項）<sup>(注)</sup>。

　もっとも、嫡出否認判決により再婚後の夫の子との推定が否認された場合には、民法上、子は、その出生の時に遡って前夫の子と推定されることとなり（第772条第4項）、前夫と母が婚姻していた際の氏を称すべきこととなります。

　この場合において、子について戸籍訂正の申請がされたときは、前夫と母の婚姻時の戸籍に入籍する旨の戸籍訂正をすることとなります。具体的には、再婚後の父母の戸籍に関しては、子の父欄を前夫に訂正した上で、子を再婚後の父母の戸籍から除籍し、前夫と母が婚姻していた際の戸籍に入籍させることとなります。

　（注）　再婚後の父母が更に離婚したときであっても、子は、再婚後の父母が婚姻していた際の戸籍に入籍します。

## Q21　子の父と推定される者について、具体的な事例に即して説明してください（第772条関係）。

**A**　**1　母とAとの婚姻中に出生した子について**

　Aの子と推定されます（第772条第1項・第2項）。

　なお、子の出生時期によって懐胎時期が推定され（第772条第2項）、その懐胎時期に応じて適用される嫡出推定規定（同条第1項前段・後段）も異なります。すなわち、婚姻成立後200日以内に出生した子については、婚姻前に懐胎したものと推定された上で、第772条第1項後段の嫡出推定規定が適用されます。また、婚姻成立後200日を経過した後に出生した子については、婚姻中に懐胎したものと推定された上で、同項前段の嫡出推定規定が適用されます。

**2　母がAと離婚してから250日後に生まれた子について（母が再婚をしていない場合）**

　Aの子と推定されます（第772条第1項前段・第2項）[(注)]。

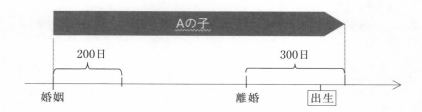

**3　母がAと離婚してから250日後に生まれた子について（母が子を出産する前にBと再婚をしている場合）**

　Bの子と推定されます（第772条第3項）。

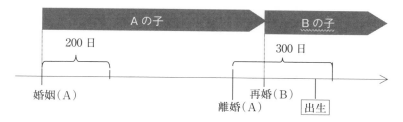

4　上記3において、母が子を出産する前にBと離婚をしていた場合

　　Bの子と推定されます（第772条第3項）。

　子を出産する前にBと離婚をしていても、Bの子と推定されることに変わりはありません（Q11参照）。

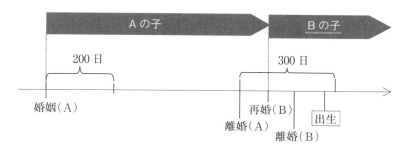

5　上記4において、母が子を出産する前にCと再々婚をしていた場合

　　Cの子と推定されます（第772条第3項）。

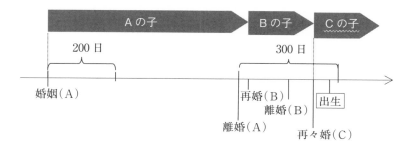

## 6　Bの子と推定される場合（上記3、4）において、その推定が否認されたとき

Aの子と推定されます（第772条第3項・第4項）。

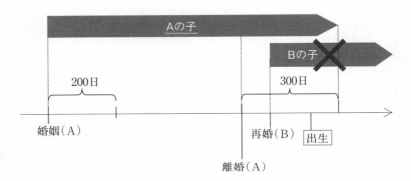

## 7　Cの子と推定される場合（上記5）において、その推定が否認されたとき

Bの子と推定されます（第772条第3項・第4項）。

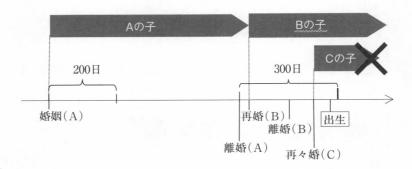

（注）　ただし、子が離婚後に懐胎されたことに関する医師の証明書を添付して出生届を提出した場合には、Aの子との嫡出推定は及びません（Q17参照）。

**Q22** 嫡出推定規定について見直しがされていますが、いわゆる「推定の及ばない子」に関する判例法理は、改正後においても維持されますか。

**A**　改正法による改正前においては、判例上、「推定の及ばない子」、すなわち、懐胎時期に既に夫婦が事実上の離婚をして夫婦の実態が失われ、又は遠隔地に居住して、夫婦間に性的関係を持つ機会がなかったことが明らかである等の事情が存在するときは、その子について嫡出推定が及ばず、親子関係不存在確認の手続、強制認知の手続により父子関係を否定することが認められていました<sup>(注1)</sup>。

このような「推定の及ばない子」に関する判例法理が改正法の下でも維持されるかについては、最終的には今後の裁判実務における解釈に委ねられることとなります。もっとも、改正法においても、婚姻中に懐胎した子を夫の子と推定するとの改正前の民法の考え方を基本的に維持するなど、上記判例法理の前提となる規律に特段の変更はないことからすれば、今後も、婚姻中に懐胎した子に関する上記判例法理は基本的に維持されることとなるものと想定されます。

以上のような想定を前提とする限り、改正法の下においても、従前と同様に、推定の及ばない子とされる事情が存在する場合には、その子について、嫡出否認の手続によることなく、（前）夫を当事者とすることを要しない強制認知の手続によって<sup>(注2)</sup>、生物学上の父子関係と合致する法律上の父子関係の確定を図ることができることとなるものと考えられます<sup>(注3)</sup>。

(注1)　最一小判昭和 44 年 5 月 29 日民集 23 巻 6 号 1064 頁、最二小判平成 10 年 8 月 31 日集民 189 号 497 頁、最三小判平成 12 年 3 月 14 日集民 197 号 375 頁

(注2)　事案によっては、強制認知の手続においても、推定の及ばない子とされる事情の存否を判断するために、（前）夫からの事情聴取を行うことを要する場合があることには、引き続き留意を要するものと考えられます。

(注3)　改正法では、女性が婚姻前に懐胎した子であって婚姻が成立した後に生まれた子についても、一律に夫の子と推定する規定を設けることとしていますが（第 772 条第 1 項後段）、この推定に基づく父子関係を否定する手段として、嫡出否認の手続のほかに、親子関係不存在確認の手続や強制認知の手続が可能であるかという点については、この推

定が新たに設けられる規律であることから、予断することが困難です。もっとも、この規定は、必ずしも親子関係不存在確認の手続や強制認知の手続により父子関係を争うことを否定する趣旨で設けられたものではなく、この点については、今後の裁判実務において、本文記載の判例法理が基礎とする考え方等を踏まえて判断されることとなるものと考えられます（なお、Q14 の（注）参照）。

**Q23** いわゆる「推定の及ばない子」に関する判例法理を明文化したり、懐胎時期における別居等を要件として嫡出推定の例外を認める規定を設ける等の方策は採られていませんが、その理由は何ですか。

**A** 改正法では、いわゆる「推定の及ばない子」（Q22参照）や、別居等の後に懐胎された子について、嫡出否認の訴えによることなく認知の訴え及び親子関係不存在確認の訴えによることができるといった規律を設けることとはしていません。

　これは、①そのような規律を設けた場合には、子の身分関係がいつまでも安定しないことになるおそれがあること、②我が国では、離婚や婚姻の解消の前段階としての別居等が制度化されておらず、別居等の要件及び効果をどのように定めるべきかについての議論も十分に成熟しているとはいえないこと等を踏まえ、そのような規律を明文化することについては、慎重な検討を要するものと考えられたことによるものです。

## 第3　嫡出否認制度の見直し

### 1　嫡出否認権者等

**Q24**　子に嫡出否認権を認めることとしていますが、その趣旨は何ですか（第 774 条第 1 項関係）。

**A**　第 774 条第 1 項は、嫡出推定規定により夫の子と推定される子について、父のみならず、子にも嫡出否認権を認めることとしています。

　改正法による改正前は、子の父とされる夫のみが嫡出否認の訴えを提起することができるものとされていたため、夫の協力が得られない場合には、母は子が戸籍上夫の子と記載されることを避けるために出生届を提出しないことがあり、このことが無戸籍者を生ずる一因となっているとの指摘がされていました。また、推定される父と生物学上の父が一致しない場合に生じ得る問題は多様であって、夫のみならず、子やその母にとっても重大な影響を及ぼすにもかかわらず、子が嫡出であることを否認するか否かを決めることができるのは夫のみであるため、事案に応じた適切な解決を図ることができないとの指摘がありました。

　以上のような指摘に対応する観点から、父子関係の一方の当事者である子にも嫡出否認権を認めることとしたものです。

**Q25** 子の親権を行う母、親権を行う養親又は未成年後見人が、子の嫡出否認権を代理行使することができることとしていますが、その趣旨は何ですか（第774条第2項関係）。

**A** 　第774条第2項は、嫡出推定規定により子の父が定められる場合において、親権を行う母、親権を行う養親<sup>(注1)</sup>又は未成年後見人は、子のために、嫡出否認の訴えを提起することができるものとしています<sup>(注2)</sup>。

改正法では、法律上の父子関係の当事者である子に嫡出否認権を認めることとしており（Q24参照）、その嫡出否認権に基づく嫡出否認の訴えについては、原則として、子の出生の時から3年以内に訴えを提起しなければならないものとしていますが（第777条第2号）、この期間においては、子はいまだ幼少であって、自ら訴訟行為をすることは事実上困難です。

そこで、子の利益を保護するために、親権を行う母、親権を行う養親又は未成年後見人が、子のために、嫡出否認の訴えを提起することができるものとしています。なお、この「子のために」は、「子を代理して」という趣旨です。

（注1）　法制審議会の答申した要綱（資料1参照）では、子の嫡出否認権を行使できる者に「親権を行う養親」は含まれていませんでした。しかし、親権を行う父母がいない又は親権を行使し得ない状態となっている場合であっても、養親がいる場合には、第838条第1号の「未成年者に対して親権を行う者がない」ときに当たらないため、未成年後見は開始されませんが、このような場合においても、子の利益のために養親に嫡出否認の訴えを認める必要があると考えられるため、子が幼少であって自ら訴訟行為をすることができない場合に、適切な者に子のために嫡出否認権を行使させるという要綱の趣旨に沿って、改正法案の立案段階で「親権を行う養親」を追加したものです。

（注2）　親権を行う母及び親権を行う養親が、第774条第2項によって嫡出否認権を行使することは、親権の行使をする場面ではないことから、親権を行う母、親権を行う養父母は、それぞれ単独で嫡出否認権を行使することが可能であり、親権の共同行使の規定（第818条第3項本文）は適用されないものと考えられます。

## Q26 母に嫡出否認権を認めることとしていますが、その趣旨は何ですか（第774条第3項関係）。

**A** 第774条第3項は、嫡出推定規定により子の父が定められる場合において、母に固有の嫡出否認権を認めることとしています。

これは、母は、子を懐胎し分娩したとの事実によって当然に子の母となり、子を養育する立場にあるところ、①嫡出推定規定により子の父と定められる者は、母との間にもうけた子の父として、子を養育する立場となる者であり、それが誰であるかは、子のみならず、母自身にとっても重大な利害関係のある問題であること、②母は、自らが親権を行わないときであっても、多くの場合において、子の利益をよく代弁することができる地位にあるといえること等を踏まえると、母に固有の嫡出否認権を認めることについて、政策的な合理性があると考えられることによるものです。

ただし、事案によっては、母がその固有の嫡出否認権を行使することが、子の利益に反することも想定されるため、母の固有の嫡出否認権の行使は、子の利益を害することが明らかなときは認められないこととしています（Q27参照）。

Q27　母の嫡出否認権について、「その否認権の行使が子の利益を害することが明らかなとき」に、嫡出否認権の行使を制限することとしていますが、その趣旨は何ですか。また、嫡出否認権の行使が制限されるのは、具体的にはどのような場合ですか（第774条第3項ただし書関係）。

**A**　第774条第3項は、母に固有の嫡出否認権を認めていますが、その行使は、子の利益を害することが明らかなときは認められないこととしています。

　これは、事案によっては、母がその固有の嫡出否認権を行使することが子の利益に反するといった事態も想定されるところ、嫡出否認制度の見直しの趣旨が子の最善の利益を図ることにあることを踏まえ、そのような事態を防止するため、母の固有の嫡出否認権の行使に制限を加えたものです<sup>(注)</sup>。

　いかなる場合がこの要件に該当するかは、個別具体的な事案に応じて判断されるべきものと考えられますが、一般に、母が自ら子を養育する意思や能力がなく、父を失うことで子が困窮するにもかかわらず、父子関係を断絶させる目的で嫡出否認をするような場合が該当すると考えられます。

　その他、親権を行う母が、子を虐待しており、父による親権喪失の審判の申立てを排除する目的で嫡出否認権を行使するような場合にも、子の利益を害することが明らかであるといえるものと考えられます。

　（注）　母の嫡出否認権の行使については、権利濫用の禁止等の一般条項の規律も当然に及ぶところですが、第774条第3項ただし書は、嫡出否認権の行使の場面では子の利益が最も優先されるべきことを明らかにし、不適切な嫡出否認権の行使を的確に制限することができるようにするものです。

**Q28** 親権を行う母が、子の嫡出否認権を行使する場合について、「その否認権の行使が子の利益を害することが明らかなとき」は嫡出否認権を行使することができないとする規定は設けられませんでしたが、その理由は何ですか。

**A** 第774条第3項ただし書では、母の固有の嫡出否認権について、その行使が子の利益を害することが明らかなときは、子が嫡出であることを否認することができないものとしていますが（Q27参照）、親権を行う母が子の嫡出否認権を行使する場合（同条第2項）については、「その否認権の行使が子の利益を害することが明らかなとき」は子が嫡出であることを否認することができないとの趣旨の規律を設けていません。

　これは、親権を行う母は、あくまでも子の利益のために親権を行わなければならないところ[注]、親権を行う母が子の嫡出否認権を行使する場合において、それが子の利益を害することが明らかなときは、親権を行う母が負う上記義務に照らし、そのような嫡出否認権の行使は当然に許されないものと解されることから、重ねて明文の規律を置く必要はないと考えられたことによるものです。

　したがって、親権を行う母が、子のためにその嫡出否認権を行使する場合においても、それが子の利益を害することが明らかなときは、嫡出否認権の行使が許されないことに変わりはありません。

　（注）　第820条は、「親権を行う者は、子の利益のために子の監護及び教育をする権利を有し、義務を負う。」と規定しています。

**Q29**　母は、子の嫡出否認権を代理行使することも、母固有の嫡出否認権を行使することもできますが、どちらか一方の嫡出否認権に基づく嫡出否認の訴えにおいて請求が棄却され、その判決が確定した場合に、その後、他方の嫡出否認権に基づく嫡出否認の訴えを提起することはできますか。

**A**　親権を行う母が子の嫡出否認権を代理行使して提起する嫡出否認の訴えと、母がその固有の嫡出否認権を行使して提起する嫡出否認の訴えとは、原告を異にする訴えであることから、一方の訴えの請求について棄却判決が確定した場合であっても、他方の訴えを提起することについては、人事訴訟の本案判決が確定した後における原告による同一の身分関係についての人事訴訟の提起の禁止を定める人事訴訟法第25条第1項が直接に適用されることはありません。

　また、親権を行う母が子の嫡出否認権を代理行使して提起する嫡出否認の訴えと、母がその固有の嫡出否認権を行使して提起する嫡出否認の訴えとは、訴訟物を異にする訴えであると考えられることから、一方の訴えの請求について棄却判決が確定した場合であっても、他方の訴えの請求の適否については、人事訴訟の確定判決の対世的効力について定める人事訴訟法第24条第1項の適用による制約が及ぶものではないと解されます。

　もっとも、母が、嫡出否認の訴えを提起し、その請求を棄却する判決が確定したにもかかわらず、更に訴訟物を異にする嫡出否認の訴えを提起するといった事案については、訴訟における信義誠実の原則について定める民事訴訟法第2条の適用等を通じて、当事者に対する手続保障を考慮しつつ同一の身分関係についての紛争の蒸し返しを防止しようとする人事訴訟法第25条の趣旨等にも整合的な、事案の実相に即した解決を図ることが可能であるものと考えられます。

**Q30**　母固有の嫡出否認権に基づく嫡出否認の訴えにおいて請求が棄却され、その判決が確定した場合に、その後、父、子及び前夫が嫡出否認の訴えを提起することはできますか。

**A**

## 1　父による嫡出否認の訴えについて

　父による嫡出否認の訴え（第 774 条第 1 項）と、母がその固有の嫡出否認権を行使して提起する嫡出否認の訴え（同条第 3 項）とは、原告を異にし、訴訟物をも異にする訴えであると考えられます。したがって、母がその固有の嫡出否認権を行使して提起した嫡出否認の訴えに係る請求を棄却する判決が確定し、母の固有の嫡出否認権の不存在が確定した場合であっても、父による嫡出否認権の行使については、人事訴訟の本案判決が確定した後における原告による同一の身分関係についての人事訴訟の提起の禁止を定める人事訴訟法第 25 条第 1 項が直接に適用されることはなく、また、人事訴訟の確定判決の対世的効力について定める同法第 24 条第 1 項の適用による制約が及ぶものでもないと解されます。

　その上で、父による嫡出否認の訴えが許されるか否かについては、父は母がその固有の嫡出否認権を行使して提起する嫡出否認の訴えにおける被告の地位にあったことや、当事者に対する手続保障を考慮しつつ同一の身分関係についての紛争の蒸し返しを防止しようとする人事訴訟法第 25 条の趣旨等も踏まえながら、訴訟における信義誠実の原則について定める民事訴訟法第 2 条の適用等を通じて、判断されるべきものと考えられます。

## 2　子による嫡出否認の訴えについて

　子による嫡出否認の訴え（第 774 条第 1 項）についても、母がその固有の嫡出否認権を行使して提起する嫡出否認の訴え（同条第 3 項）とは、原告を異にし、訴訟物をも異にする訴えであると考えられます。したがって、母がその固有の嫡出否認権を行使して提起した嫡出否認の訴えに係る請求を棄却する判決が確定し、母の固有の嫡出否認権の不存在が確定した場合であっても、子による嫡出否認権の行使については、人事訴訟の本案判決が確定した後における原告による同一の身分関係についての人事訴訟の提起の禁止を定める人事訴訟法第 25 条第 1 項が直接に適用されることはなく、また、人事

訴訟の確定判決の対世的効力について定める同法第24条第1項の適用による制約が及ぶものでもないと解されます。

　その上で、子による嫡出否認の訴えが許されるか否かについては、母がその固有の嫡出否認権を行使して提起する嫡出否認の訴えの出訴期間（子の出生の時から3年以内。第777条第3号）において、子は訴訟能力を有しておらず、当該期間における子の利益は、一般的には母によって代弁されることが期待されることや、人事訴訟法第25条の趣旨等も踏まえながら、訴訟における信義誠実の原則について定める民事訴訟法第2条の適用等を通じて、判断されるべきものと考えられます。

### 3　前夫による嫡出否認の訴えについて

　前夫による嫡出否認の訴え（第774条第4項）についても、母がその固有の嫡出否認権を行使して提起する嫡出否認の訴えとは、原告を異にし、訴訟物をも異にする訴えであると考えられます。したがって、母がその固有の嫡出否認権を行使して提起した嫡出否認の訴えに係る請求を棄却する判決が確定し、母の固有の嫡出否認権の不存在が確定した場合であっても、前夫による嫡出否認権の行使については、人事訴訟の本案判決が確定した後における原告による同一の身分関係についての人事訴訟の提起の禁止を定める人事訴訟法第25条第1項が直接に適用されることはなく、また、人事訴訟の確定判決の対世的効力について定める同法第24条第1項の適用による制約が及ぶものでもないと解されます。

　その上で、前夫による嫡出否認の訴えが許されるか否かは、人事訴訟法第25条の趣旨等も踏まえながら、訴訟における信義誠実の原則について定める民事訴訟法第2条の適用等を通じて、判断されるべきものと考えられます。

### 4　親権を行う母が子の嫡出否認権を代理行使して提起する嫡出否認の訴えに係る請求が棄却された場合について

　親権を行う母が子の嫡出否認権を代理行使して提起する嫡出否認の訴え（第774条第2項）について、その請求を棄却する判決が確定した後、子が出訴期間の特則（第778条の2第2項）によって嫡出否認の訴えを提起することができるかも問題となります。

　この点については、親権を行う母が子の嫡出否認権を代理行使して提起する嫡出否認の訴えにおいて、その請求を棄却する判決が確定した場合には、当該判決（子の嫡出否認権の不存在を確定するもの）について既判力が生じるところ、親権を行う母が子の嫡出否認権を代理行使して提起する嫡出否認の訴えと子が出訴期間の特則によって提起する訴えとは、訴訟物が同一であることから、子による嫡出否認権の行使は、当該判決に係る既判力によって遮断されることになるものと考えられます（Q46 参照）。

**Q31**　母が婚姻中に父から家庭内暴力を受けていたなどの事情で父との関わりを一切持ちたくないとの意向を有している場合に、母が父と関わることなく父子関係を否認することはできますか。

**A**　1　嫡出否認の手続について

　子及び母による嫡出否認の手続の相手方は、改正法の規律により推定される父となるところ（第775条第1項第2号・第3号）、母が父との関わりを一切持ちたくないといった意向を有するような場合には、子及び母の嫡出否認権は事実上行使されないこととなるおそれがあるのではないかとの指摘もあります。

　もっとも、子の父と推定される者は、嫡出否認の手続の結果に重大な利害関係を有する立場にあり、その手続保障を図ることはそれ自体重要な要請であることから、改正法の規律により父と推定される者を嫡出否認の手続における当事者から除外するような制度的枠組みを想定することは困難です。

　その上で、父との関わりを一切持ちたくないといった母の意向については、母が当該意向を有することとなった具体的事情に応じて、関係機関による綿密な連携の下、的確な支援等を行うことにより対応することが、無戸籍者問題の解消を促進する上で有効かつ現実的な方策であると考えられます。例えば、母が父から家庭内暴力の被害を受けていたなどの事情のある事案においては、当事者に対する住所、氏名等の秘匿制度（令和4年5月に成立した民事訴訟法等の一部を改正する法律（令和4年法律第48号）参照）等を活用することが考えられます。また、裁判所においては、事案に応じて、当事者同士が直接対面することがないようにするなど、当事者の安全や心情に配慮した手続の運営が図られており、当該事案の実情に即した対応が適切に行われることが重要となるものといえます。

　2　推定の及ばない子に関する判例法理を前提とする手続について

　なお、改正前の第772条所定の期間内に妻が出産した子について、妻がその子を懐胎すべき時期に、既に夫婦が事実上の離婚をして夫婦の実態が失われ、又は遠隔地に居住して、夫婦間に性的関係を持つ機会がなかったことが

明らかであるなどの事情が存在する場合には、当該子は実質的に同条の推定を受けない嫡出子に当たるとの判例法理が確立しているところ、改正法においても、婚姻中に懐胎した子を夫の子と推定するとの改正前の民法の考え方を基本的に維持するなど、上記判例法理の前提となる規律に特段の変更はないことからすれば、今後も、婚姻中に懐胎した子に関する上記の判例法理は基本的に維持されることとなるものと想定されます（Q22参照）。

　そうすると、改正法の下においても、従前と同様に、推定の及ばない子とされる事情が存在する場合には、その子について、嫡出否認の手続によることなく、父を当事者とすることを要しない強制認知の手続によって、生物学上の父子関係と合致する法律上の父子関係の確定を図ることができることとなり、このような法的手続は、引き続き、無戸籍者問題の解消のための選択肢の一つとして位置付けられることとなるものと考えられます。ただし、事案によっては、強制認知の手続においても、推定の及ばない子とされる事情の存否を判断するために、父からの事情聴取を行うことを要する場合があることも従前と同様であり、この点については、なお留意を要するものといえます[注]。

　（注）　強制認知の手続では、子（又は母）と生物学上の父が当事者となる（第787条本文、人事訴訟法第42条第1項）ため、前夫は、強制認知の手続に当事者として関与することはありません。もっとも、家庭裁判所が、嫡出推定が及ばない事情があるか否かを審理するために必要と考えた場合には、前夫に手続への関与を求めることがあり得ます。その方法としては、例えば、家庭裁判所による事実の調査としての前夫への意見照会（家事事件手続法第258条第1項、第56条）、紛争の解決に関する前夫の意見の聴取（同法第263条）のほか、前夫に調停期日への出席を求めること等が考えられます。また、前夫において、当該調停に利害関係参加（同法第258条第1項、第42条）をすることも考えられます。

**Q32** 再婚後の夫の子と推定される子について、前夫に嫡出否認権を認めることとしていますが、その趣旨は何ですか（第774条第4項関係）。

**A** 　改正法では、母の再婚により父性推定が重複する場合には、再婚後の夫の子との推定が優先されることとなります（第772条第3項）。このような規律は、子の利益を図るために合理的なものといえる一方で、前夫（すなわち子の懐胎の時から出生の時までの間に母と婚姻していた者であって、現に子の父とされているもの以外のもの）の立場からすると、母が再婚をしなければ子の父と推定されるべき法律上の地位にあるにもかかわらず、その地位を母の再婚という前夫自身とは関係のない事情により失わせる側面があるといえます。

　このような観点を踏まえると、再婚後の夫の子であるとの推定が事実に反し、実際には前夫が子の生物学上の父である場合には、前夫に子の法律上の父となる機会が確保されている必要があるものと考えられます[注]。そこで、第774条第4項は、再婚後の夫の子と推定される子について、前夫に嫡出否認権を認めることとしています。

（注）　前夫の死亡により前婚が終了した場合について

　改正法は、母が前夫以外の男性と再婚した後に生まれた子は、婚姻の解消の日から300日以内に生まれた子であっても、再婚後の夫の子と推定するとの規律を設けており（第772条第3項）、このような規律は、前婚の解消の原因が離婚であれ前夫の死亡であれ、等しく適用されることとなります。

　この点に関し、前夫の死亡により婚姻が終了した場合には、前夫には嫡出否認権を行使する機会がないため、前夫の親族に嫡出否認権の承継を認めることも考えられます。

　もっとも、本文記載のとおり、改正法が前夫に嫡出否認権を認めた主な趣旨が、前夫に子の法律上の父となる機会を確保する点にあることからすると、前夫の嫡出否認権の行使の是非の判断は、前夫自身によって行われるべきであると考えられます。

　このような観点から、改正法は、前夫の親族に嫡出否認権の承継を認めるような規律は設けていません。

**Q33**　前夫の嫡出否認権について、「その否認権の行使が子の利益を害することが明らかなとき」に、嫡出否認権の行使を制限することとしていますが、その趣旨は何ですか。また、嫡出否認権の行使が制限されるのは、具体的にはどのような場合ですか（第774条第4項関係）。

**A**

## 1　改正法の趣旨

　再婚後の夫の子と推定される子について、前夫に嫡出否認権を認めることは、妻の再婚後の家庭に対する第三者による介入という側面があること、また、そもそも嫡出否認制度の見直しの趣旨は、子の最善の利益を図ることにあること等を踏まえ、改正法では、前夫の嫡出否認権について、「その否認権の行使が子の利益を害することが明らかなとき」は、当該嫡出否認権の行使は認められないものとしています（第774条第4項ただし書）。

## 2　具体的な判断基準

　いかなる場合が「子の利益を害することが明らかなとき」との要件に該当するかについては、個別具体的な事案に応じて判断されるものですが、一般に、前夫が子の父として自ら子を養育する意思がないにもかかわらず、嫌がらせ等の目的で嫡出否認権を行使するような場合は、上記要件に該当するものと考えられます。そして、前夫が子の父として自ら子を養育する意思があるか否かの判断に当たっては、子と前夫との間に生物学上の父子関係があるか否かという事実が判明していれば、それが重要な事情となるものと考えられます[注]。

（注）　子と前夫との間に生物学上の父子関係があることが判明している場合には、それを前提とする養育の意思が前夫の嫡出否認権行使の動機となっていると理解できることが少なくないとも考えられます。また、そのような場合には、嫡出否認権行使の結果、子の父と推定されることとなる前夫に対し、将来更に嫡出否認権行使がされることによって子の地位が不安定になるといったおそれもないということになります。

**Q34** 前夫は、自らが訴えを提起して再婚後の夫の子との推定を否認した場合には、自らの子との推定を否認することができないこととしていますが、その趣旨は何ですか（第774条第5項関係）。

**A**　改正法では、再婚後の夫の子との推定が否認された場合には、当該再婚後の夫との間の婚姻を除き、子の出生の直近の婚姻における夫の子と推定するとの規律を新設しているところ（第772条第4項）、再婚後の夫の子との推定について前夫が嫡出否認権を行使した結果、同規律により前夫の子と推定されることとなった子について、更に前夫自身が自らの子であるとの推定をも否認することは、子から法律上の父が失われることとなる点で相当ではなく、前夫に子の法律上の父となる機会を確保するという、前夫に嫡出否認権を認めることとした趣旨とも相容れないと考えられます(注)。

そこで、改正法では、再婚後の夫の子との推定について嫡出否認権を行使し、新たに自らが子の父と定められた前夫は、子が自らの嫡出であることを否認することができないものとしています（第774条第5項）。

（注）　再婚後の夫の子との推定について前夫が嫡出否認権を行使する場合、前夫は、再婚後の夫の子との推定が否認されることによって、自らが子の父と推定されることになるという法律上の帰結を認識し受け入れる前提で再婚後の夫の子との推定を否認したものと評価することができ、このような観点からも、前夫には子の父としての責任を負わせることが相当であると考えられます。

もっとも、子や母などの前夫以外の嫡出否認権者が再婚後の夫の子との推定を否認した結果として、前夫が自らの意思とは無関係に新たに父となった場合には、上記のような評価はできないことから、第774条第5項の適用はなく、前夫は、子が自らの嫡出であることを否認することができることとなります。

**Q35** 前夫の嫡出否認権について、子が成年に達していた場合は、前夫は嫡出否認の訴えを提起することができないこととしていますが、その趣旨は何ですか（第778条の2第4項関係）。

**A** 前夫の嫡出否認権の行使に係る嫡出否認の訴えの出訴期間の始期は、「前夫が子の出生を知った時」とされているところ（第777条第4号）、前夫は、母との離婚等の後に出生した子について、当然にその出生を知ることはできないため、前夫が子の出生を知らないまま、子の身分関係がいつまでも安定しない事態が生じ得ますが、そのような事態は、子の利益を図る観点からは望ましくありません。

また、前夫による嫡出否認権の行使は、母の再婚後の家庭に対する第三者による介入という側面を持つところ、前夫の嫡出否認権行使の余地をあまりに長期にわたって認めることは、母の再婚後の家庭に与える影響が過度に大きくなるおそれがあるといえます。

以上のような観点から、改正法では、前夫の嫡出否認権について、子が成年に達した後はこれを行使することができないとの制限を設けているものです（第778条の2第4項）。

## Q36 前夫の嫡出否認権を行使することができる者について、具体的な事例に即して説明してください（第774条第4項関係）。

**A**　**1　前夫と推定される者が一人の場合**

女性が子を懐胎した時から子の出生の時までの間に2回の婚姻をしたときは、1回目の婚姻における夫が、第774条第4項の規定に基づき子の出生の直近の婚姻における夫の子との推定を否認することができる前夫に当たります。

例えば、女性が、子を懐胎した時から子の出生の時までの間に、A、Bとの間で、順次2回の婚姻をしたときには、子はその出生の直近の夫であるBの子と推定され（第772条第3項）、Aは、第774条第4項に規定する前夫として、Bの子との推定を否認するため、嫡出否認の訴えを提起することができます。

**2　前夫と推定される者が複数の場合**

女性が子を懐胎した時から子の出生の時までの間に3回以上の婚姻をしたときは、必然的に2回以上の離婚等を伴うことから、第774条第4項の規定に基づき子の出生の直近の婚姻における夫の子との推定を否認することができる前夫が複数存在することとなります。

例えば、女性が、子を懐胎した時から子の出生の時までの間に、A、B、Cとの間で、順次3回の婚姻をしたときには、子はその出生の直近の夫であるCの子と推定され（第772条第3項）、A及びBは、いずれも第774条第4項に規定する前夫として、Cの子との推定を否認するため、嫡出否認の訴えを提起することができます(注)。

（注）　この事例において、AがCの子との推定を否認するために嫡出否認の訴えを提起する場合には、自らが子の父となる意思を示していないBが父と推定される事態を避ける必要があります。そのため、改正法では、AがCの子との推定を否認するために嫡出否認の訴えを提起する場合、Bを被告とする嫡出否認の訴えを併合して提起しなければならず、かつ、そのように併合して提起された嫡出否認の訴えの弁論及び裁判は、それぞれ分離しないでしなければならないこととしています（Q53参照）。

**Q37** 生物学上の父や胎児認知をした者であっても、夫や前夫に当たらない限り嫡出否認権を認めていませんが、その理由は何ですか。

**A**　改正法は、母が婚姻前に懐胎した子であって、婚姻が成立した後に生まれた子について、仮に胎児認知がされていた場合であっても、一律に夫の子と推定するものとしています（第772条第1項後段、第783条第2項）。

ところで、仮に、生物学上の父や胎児認知をした者に嫡出否認権を認めた場合には、子の父と推定される夫や母が嫡出否認権を行使する意思がないにもかかわらず、母と婚姻したことのない者の意思により、夫婦の家庭の平穏が害され、子の利益に反する事態を生じるおそれが大きいと考えられます。また、改正法において前夫に嫡出否認権を認めたことについては、前夫が嫡出否認権の行使の結果として自らが子の父と推定される立場にあることが重要な前提となっているものですが、生物学上の父や胎児認知をした者については、このような前提は妥当しません。

このような観点から、生物学上の父や胎児認知をした者については、母と婚姻することにより夫や前夫としての嫡出否認権が認められ得ることは格別として、嫡出否認権を認めることとはしていません。

## Q38　嫡出否認の訴えは、誰を被告として提起するのですか（第775条第1項関係）。

**A**　**1　被告適格を定める規定の新設**

　人事訴訟法には、人事訴訟の被告適格について一般的な規律が設けられていますが（人事訴訟法第12条）、改正法では、嫡出否認権者を拡大することに伴い、嫡出否認権ごとに嫡出否認の訴えの被告適格を定めることとしています（第775条第1項各号）。

**2　父又は子の嫡出否認権に基づく嫡出否認の訴えの被告適格**

　法律上の父子関係の当事者である父及び子のいずれか一方が原告となる場合には、その他方当事者に被告適格を認めることが相当と考えられます。ただし、子については、親権を行う母によってその利益が代弁されることが期待できるものといえます。

　このような観点から、改正法では、父の嫡出否認権に基づく嫡出否認の訴えの被告は、子又は親権を行う母とし（第775条第1項第1号）、子の嫡出否認権に基づく嫡出否認の訴えの被告は、父とすることとしています（同項第2号）。

**3　母の固有の嫡出否認権に基づく嫡出否認の訴えの被告適格**

　母が固有の嫡出否認権に基づいて嫡出否認の訴えを提起する場合、母は、法律上の父子関係の当事者以外の者であることから、人事訴訟法第12条第2項の規律をそのまま適用した場合には、父子関係の当事者である父及び子の双方を被告とすることとなります。もっとも、母の固有の嫡出否認権は、子の出生の時から3年以内に提起すべきものとされているところ（第777条第3号）、子が当該期間に自ら被告として訴訟行為をすることは実際上困難である上、一般的に子の利益は母又は父によって代弁されているといえること等を踏まえると、母が固有の嫡出否認権に基づいて嫡出否認の訴えを提起する場合において、子を被告とすることは不要であると考えられます。

　そこで、改正法は、母の固有の嫡出否認権に基づく嫡出否認の訴えの被告は、身分関係の他方当事者である父のみとすることとしています（第775条

第1項第3号)。

### 4　前夫の嫡出否認権に基づく嫡出否認の訴えの被告適格

　前夫の嫡出否認権に基づく嫡出否認の訴えについて、法律上の父子関係の当事者は父及び子であるところ、子については、上記2のとおり、親権を行う母によってその利益が代弁されることが期待できるものといえます。

　そこで、改正法は、前夫の嫡出否認権に基づく嫡出否認の訴えの被告は、父及び子又は親権を行う母とすることとしています(第775条第1項第4号)。

### 5　特別代理人の選任について

　なお、父又は前夫が親権を行う母に対して嫡出否認権を行使しようとする場合において、親権を行う母がないときは、家庭裁判所が選任した特別代理人を被告として訴訟追行させることが相当であることから、改正法では、上記の場合において親権を行う母がいないときは、家庭裁判所は、特別代理人を選任しなければならないものとしています(第775条第2項)。

(参考)　当事者等一覧

| 嫡出否認権者<br>(第774条) | 行使主体<br>(代理行使を含む。) | 被告適格<br>(第775条第1項) |
|---|---|---|
| 父 | 左に同じ | 子 |
| | | 親権を行う母 |
| 子 | 親権を行う母、親権を行う<br>養親又は未成年後見人<br>(第774条第2項) | 父 |
| 母 | 左に同じ | 父 |
| 前夫 | 左に同じ | 父及び子 |
| | | 父及び親権を行う母 |

## 2　嫡出否認権の出訴期間

**Q39** 父の嫡出否認権について、出訴期間を1年以内から3年以内に伸長していますが、その趣旨は何ですか（第777条第1号関係）。

**A**　改正前の第777条は、夫の嫡出否認権に係る嫡出否認の訴えの出訴期間を、夫が子の出生を知った時から1年以内と制限しているところ、その趣旨は、法律上の父子関係を早期に確定させることにあるとされています[注]。

ところで、子の発達に関する一般的な知見として、子の認知・記憶は4歳前後に大きく発達し、5歳頃には出来事の記憶が長期にわたって残るようになるとされていること等を踏まえると、3歳頃までには父子関係が確定していることが望ましいと考えられます。

他方で、子の利益を保護するという観点からは、単に子の身分関係の早期安定を図ることのみならず、法律上の父子関係の存否を左右する嫡出否認権行使の是非について、嫡出否認権者において適切に判断するための機会を広く確保することも重要であると考えられます。

そこで、改正法においては、嫡出否認の訴えの原則的な出訴期間を従前の1年から3年に伸長するとともに、その起算点については、子の出生を当然に認識する立場にあるか否かに応じて、母及び子については子の出生の時とし、父及び前夫については子の出生を知った時とすることとしています（第777条）。

（注）　最一小判平成26年7月17日（同年（オ）第226号　親子関係不存在確認請求事件）は、改正前の第777条の規定の憲法適合性が争われた事案において、同規定が嫡出否認の訴えにつき1年の出訴期間を定めたことは、身分関係の法的安定を保持する上から合理性を持つ制度であって、憲法第13条に違反するものではなく、また、憲法第14条等違反の問題を生ずるものでもない旨判示しています。

**Q40**

子や母の嫡出否認権について、出訴期間を子の出生の時から3年以内としていますが、その趣旨は何ですか。また、子の嫡出否認権について、出訴期間の満了時に、子に親権を行う母、親権を行う養親及び未成年後見人がいない場合は、どうなりますか（第777条第2号・第3号、第778条の2第1項関係）。

**A**

**1　子や母の嫡出否認権の出訴期間**

　子や母の嫡出否認権に係る嫡出否認の訴えの出訴期間を定めるに当たっては、嫡出否認権を行使することができる者（子の嫡出否認権については、親権を行う母、親権を行う養親又は未成年後見人、母の嫡出否認権については、母自身）において嫡出否認権を行使するか否かの判断を適切に行うための期間を実質的に保障するとの観点を踏まえる必要があります。他方で、子の利益を保護する観点からは、長期間にわたって子の身分関係が不安定となることは望ましくなく、また、父と子との間に生物学上の父子関係が存在しない場合であっても、一定期間父として子を養育してきた事実があるときは、法律上の父子関係を確定させることが子の利益にかなうとも考えられます。さらに、子の発達の観点から見たときには、一般に、3歳頃までには父子関係が確定していることが望ましいと考えられます（Q39参照）。

　以上のような観点から、改正法では、子や母の嫡出否認権の出訴期間を、子の出生の時から3年以内としています（第777条第2号・第3号）。

**2　子に親権を行う母、親権を行う養親及び未成年後見人がいない場合について**

　子に対して親権を行う者がいないために未成年後見が開始した場合であっても、未成年後見人が直ちに選任されるとは限らないため、子の嫡出否認権の行使期間の満了前において、親権を行う母、親権を行う養親、未成年後見人のいずれもいない状況が生じることが考えられます。

　そこで、改正法は、嫡出否認権の行使期間の満了前6か月以内の間に親権を行う母、親権を行う養親及び未成年後見人がないときは、子は、母若しくは養親の親権の回復等、新たな養子縁組の成立又は未成年後見人の就職等に

より、嫡出否認権の行使が可能となった時から6か月を経過するまでの間
は、嫡出否認の訴えを提起することができるものとしています（第778条の
2第1項）<sup>(注)</sup>。

(注) 子に親権を行う母がいないが親権を行う父がいるという事案においては、未成年
後見は開始しないため、子の嫡出否認権を行使する者がいないこととなります。このよう
な場合には、基本的に、親権を行う父にその嫡出否認権を行使するか否かの判断を委ねる
ことが相当であって、それ以外の第三者が子の嫡出否認権を行使して、父子関係に介入す
ることは相当でないと考えられます（なお、親権を行わない母がいる場合は、その固有の
嫡出否認権行使により子の利益を図ることができると解されます。）。
　なお、仮に、親権を行う父について、子を虐待するなど著しく不適当な親権行使がある
場合等には、子の親族等が親権の喪失等の申立てをした上で、当該申立てが認められた
後、未成年後見人を選任して、嫡出否認の訴えを提起することができ、この場合も、子の
嫡出否認権に係る出訴期間の満了前6か月以内の間に親権を行う母、親権を行う養親及び
未成年後見人がないときに該当するものとして、第778条の2第1項の適用により、その
就職後6か月を経過するまでの間は、嫡出否認の訴えを提起することができると考えられ
ます。

## Q41

前夫の嫡出否認権について、出訴期間を前夫が子の出生を知った時から 3 年以内としていますが、その趣旨は何ですか（第 777 条第 4 号関係）。

## A

　　前夫の嫡出否認権に係る嫡出否認の訴えの出訴期間を定めるに当たっては、前夫において嫡出否認権を行使するか否かの判断を適切に行うための期間を実質的に保障するとの観点を踏まえる必要があります。他方で、子の利益を保護する観点からは、長期間にわたって身分関係が不安定となることは望ましくなく、また、父と子との間に生物学上の父子関係が存在しない場合であっても、一定期間父として子を養育してきた事実があるときは、法律上の父子関係を確定させることが子の利益にかなうとも考えられます。

　　以上のような観点から、改正法は、前夫の嫡出否認権の出訴期間を、前夫が子の出生を知った時<sup>(注)</sup>から 3 年以内としています（第 777 条第 4 号）。

　　ただし、前夫が子の出生を知った時から 3 年以内であっても、子が成年に達した後は、前夫の嫡出否認権を行使することはできません（Q35 参照）。

（注）　「子の出生を知った時」がいつであるかは、具体的な事案を前提とした裁判所における個別的な判断に委ねられることとなりますが、その判断に際しては、訴えを提起する者の供述が中心的な証拠となると考えられるほか、その供述の信ぴょう性に関する証拠として、子が出生した当時の父母の生活状況（同居や交流の有無・時期等）、出生届の提出の経緯に関する資料、母の供述等を想定することができます。

| Q42 | 再婚後の夫の子との推定が否認されたことにより、新たに前夫の子と推定されることとなった場合において、更に前夫の子との推定をも否認しようとするときには、その嫡出否認の訴えの出訴期間はどのように定められていますか（第778条関係）。 |
|---|---|

**A**　再婚後の夫の子と推定される子について、その推定が否認された場合には、前夫の子と推定されることとなります（第772条第4項）。そして、この場合における前夫の子との推定については、当該前夫（ただし、再婚後の夫の子との推定を自らの嫡出否認権を行使して否認した者を除く。第774条第5項）、当該前夫以外の前夫（注1）、子又は母において、更に嫡出否認権を行使することが可能です。

　もっとも、この場合における嫡出否認権の出訴期間については、再婚後の夫の子との推定を否認する裁判の確定によって初めて客観的に嫡出否認権を行使することが可能となること、また、そのような裁判の確定までの間に既に一定程度期間が経過していること等を踏まえ、嫡出否認権者に対する実質的な手続保障の要請と、子の身分関係の早期安定の要請とを考慮して定める必要があります。

　これらの要請の調和を図るという観点から、上記の場合における嫡出否認権の出訴期間については、一律に、嫡出否認権者が再婚後の夫の子との推定を否認する裁判が確定したことを知った時から1年とすることとしています（第778条）（注2）（注3）。

　（注1）　女性が子を懐胎した時から子の出生の時までの間に3回以上の婚姻をした場合、必然的に2回以上の離婚等を伴うことから、前夫は複数存在することとなります。
　（注2）　前夫の子との推定を否認しようとする場合には、既に再婚後の夫の子との推定を否認する裁判が確定している状況にあるところ、嫡出否認権者においては、当該裁判が確定したことを知ったことを契機として、その時点から直ちに、前夫の子との推定を否認するか否かの検討を行うことが期待でき、その検討期間として1年間を確保すれば、嫡出否認権の行使の機会を実質的に保障する上では必要かつ十分であると考えられます。
　（注3）　例えば、嫡出否認の訴えの提起時点で、新たに子の父と推定される者が子の出生を知った時から3年が経過しているときであっても、再婚後の夫の子との推定を否認す

る裁判が確定したことを知った時から1年を経過していないときは、なお嫡出否認の訴え
を提起することができます。他方で、嫡出否認の訴えの提起時点で、新たに子の父と推定
される者が子の出生を知った時から3年が経過していないときであっても、再婚後の夫の
子との推定を否認する裁判が確定したことを知った時から1年を経過したときは、嫡出否
認の訴えを提起することはできません。

**Q43**　子の嫡出否認権の出訴期間について、子が21歳に達するまで訴えを提起することができるとの特則を設けていますが、その趣旨は何ですか（第778条の2第2項関係）。

**A**　子の嫡出否認権に係る嫡出否認の訴えの原則的な出訴期間は、子の出生の時から3年以内とされており（第777条第2号）、その間に幼少の子が自ら嫡出否認権を行使することは事実上困難であることから、第774条第2項は、子のために嫡出否認権を行使することができる者を定めています（Q25参照）。そして、子の嫡出否認権を行使することができる者は、上記出訴期間が経過した後には、子の嫡出否認権を行使することはできないこととなりますが、そのような場合であっても、子と父との間に生物学上の父子関係がなく、かつ、社会的な実態としての親子関係も形成されたことがないときにまで、子が法律上の父子関係に拘束されることは、相当ではないと考えられます。

そこで、改正法では、子の嫡出否認権に係る嫡出否認の訴えの出訴期間の特則として、子の出生の時から3年以内という原則的な出訴期間を経過した後であっても、子が21歳に達するまでの間は、一定の要件を満たす場合に（Q44、Q45参照）、子が自らの判断によって嫡出否認の訴えを提起することができることとしています（第778条の2第2項）。

この特則における具体的な出訴期間を子が21歳に達するまでとした趣旨は、法律上の父子関係の過度な不安定化は避けるべきこと、また、法律上の父子関係の覆滅という重大な効果を生じさせる嫡出否認権行使の是非について判断するためには、子が十分な判断能力を有することが前提となること等を踏まえると、子が成年（18歳）に達してから3年間を熟慮のための期間として確保することが相当であると考えられることにあります。

**Q44**
子の嫡出否認権に係る嫡出否認の訴えの出訴期間の特則について、子がその父と継続して同居した期間が3年を下回ることを要件としていますが、その趣旨は何ですか（第778条の2第2項本文関係）。

**A**
子の嫡出否認権に係る嫡出否認の訴えについて出訴期間の特則を設ける趣旨（Q43参照）に照らせば、子が自らの判断によって嫡出否認の訴えを提起することができるのは、子と父との間に社会的な実態としての親子関係が存在しない場合に限ることとするのが相当と考えられます[注]。他方で、法律上の父子関係の覆滅という重大な効果を生じる嫡出否認の訴えの提起の可否について、当事者の予測可能性を担保するとともに、裁判所による安定的な判断がされることを確保するためには、一定の客観的で明確な要件を設定することが不可欠といえます。

　以上のような観点から、具体的要件の設定に当たっては、社会的な実態としての親子関係を基礎付けるとともに、その徴表ともなる外形的事実である、父子の同居期間を基準とすることとし、子の嫡出否認権に係る嫡出否認の訴えの出訴期間の特則は、子がその父と継続して同居した期間（当該期間が2以上あるときは、そのうち最も長い期間）が3年を下回るときに限り適用されるものとしています（第778条の2第2項本文）。

（注）　子の出生から子が自ら嫡出否認権を行使するまでの期間中、父が子の養育をしていた場合には、子による嫡出否認権の行使により、父は強い喪失感を抱くなど精神的にも著しい不利益を受けることが想定されるほか、扶養や相続など父自身の身分関係にも大きな影響が生じることが想定されます。また、将来、子から否認されるおそれがあるとすると、子との間に生物学上の父子関係がないことが明らかになった後、父が子の養育をする意思を失うなど、かえって子の利益が害される事態が生じる懸念もあります。このような観点からみても、子による嫡出否認権の行使は、生物学上の父子関係がないことに加えて、社会的な実態としても親子といえる関係がない場合に限り可能であるものとすることが相当であると考えられます。

| Q45 | 子の嫡出否認権に係る嫡出否認の訴えの出訴期間の特則について、「子の否認権の行使が父による養育の状況に照らして父の利益を著しく害するとき」には特則は適用されないこととしていますが、その趣旨は何ですか。また、これに当たるのは、具体的にはどのような場合ですか（第778条の2第2項ただし書関係）。 |
|---|---|

**A**

### 1　改正法の趣旨

　子の嫡出否認権に係る嫡出否認の訴えの出訴期間の特則により、子が自らの判断によって嫡出否認の訴えを提起することができるのは、子と父との間に社会的な実態としての親子関係が存在しない場合に限ることとするのが相当であることから、特則の適用については、子がその父と継続して同居した期間が3年を下回ることが要件とされています（Q44参照）。

　もっとも、子がその父と継続して同居した期間が3年を下回るときであっても、父による養育の状況に照らして、社会的な実態としての親子関係が存在するといえる場合については、子による嫡出否認権の行使を認めることは相当でないと考えられます。

　このような観点から、改正法では、子の嫡出否認権の行使が父による養育の状況に照らして父の利益を著しく害するときは、当該嫡出否認権の行使は認められないものとしています（第778条の2第2項ただし書）。

### 2　判断の在り方・具体例

　いかなる場合が「子の否認権の行使が父による養育の状況に照らして父の利益を著しく害するとき」との要件に該当するかについては、個別具体的な事案に応じて判断されるべきものですが、この要件が設けられた趣旨に照らすと、例えば、継続して同居した期間が3年を下回る場合であっても、父が3年以上の期間継続的に養育費の支払をしていたときや、3年に満たない期間を断続的に同居し、その合計期間が3年を上回るときなど、3年以上の継続した同居と同程度に社会的な親子関係が形成されているような場合が、上記要件に該当するものと考えられます。

**Q46**
子の出生の時から3年以内という原則的な出訴期間内に子の嫡出否認権に係る嫡出否認の訴えが提起されたものの、その訴えにおいて請求が棄却された場合において、その後、子が出訴期間の特則により自らの判断で嫡出否認権を行使することはできますか。

**A**　一般に、出訴期間とは、ある権利を一定期間行使しないことにより、それについて訴えることができなくなる（訴権が消滅する）という制度であり、実体法上の権利を消滅させるものではないものと解されます。そうすると、子の出生の時から3年以内という原則的な出訴期間内に行使される嫡出否認権と、出訴期間の特則が定める期間内に行使される嫡出否認権は、実体法上の権利としては同一のものであり、訴訟における審判の対象である訴訟物としても同一であると考えられます。

　そして、母が、子のために子の出生の時から3年以内に嫡出否認権を行使して提起した嫡出否認の訴え（前訴）において、その請求を棄却する判決が確定した場合には、当該判決について既判力が生じるところ、子が出訴期間の特則が定める期間内に自らの判断で嫡出否認の訴え（後訴）を提起しようとしても、前訴の訴訟物と後訴の訴訟物とは同一であることから、前訴の確定判決の既判力により、後訴の請求は遮断され、請求棄却の判断がされることとなると考えられます。

　これを実質的な観点から見ても、母は子の父が誰であるかについて最もよく知り得る立場にあることから、母が子に代わって訴えを提起し、訴訟を追行した場合には、子のために十分な攻撃防御が尽くされていることが通常であるものといえます。そのため、母が原則的な出訴期間内に子の嫡出否認権を行使して提起した訴えにおいて、当該訴えを棄却する判決がされ、父と子との間に生物学上の父子関係の不存在が認定されなかった場合には、そのような結論が子の利益を不当に害するものであるとはいえず、改めて子に嫡出否認権の行使を認める必要はないものと考えられます。

## Q47　子が自らの判断で嫡出否認権を行使することができることとなる始期については、どのように考えることができますか。

**A**　改正法は、子の嫡出否認権行使の始期について、特段の規律を設けていません(注1)。

　もっとも、子の嫡出否認権に係る嫡出否認の訴えの原則的な出訴期間は、子の出生の時から3年以内とされており（第777条第2号）、その間に幼少の子が自ら嫡出否認権を行使することは事実上困難ですから（Q25参照）、実際に子が自らの判断で嫡出否認権を行使することができるのは、子が嫡出否認の手続を追行する能力を備えた後に、子の嫡出否認権に係る嫡出否認の訴えの出訴期間の特則（第778条の2第2項）に規定する要件が充足された場合ということになります。

　そして、子は、未成年の間でも、意思能力がある限り、嫡出否認の手続を追行することができることとされています（家事事件手続法第252条第1項第5号、人事訴訟法第13条第1項）。嫡出否認の訴えを提起するために必要となる意思能力の有無については、個別具体的な事案に応じて判断されるべきものですが、嫡出否認権の行使という身分関係の存否に係る法律行為を行い、また、当該訴訟における訴訟行為の意義を理解することができるためには、一般的には14歳から15歳程度の年齢(注2)に達していることが必要であるともいわれています。

　いずれにせよ、子の発達の程度等によっても異なってくる事柄であり、一律に論じることはできないものと考えられます。

　（注1）　このように、子の嫡出否認権行使の始期について特段の規律を設けていないのは、子が法律上の父子関係を否認したいと考えた場合に、一定の年齢に達するまで嫡出否認権を行使できないものとすることは、その年齢に達するまでの間、子をその意思に反して当該父子関係に拘束することとなり、相当でないと考えられるためです。

　（注2）　未成年者の意思能力の有無については、第791条第3項、第797条第1項、第961条、国籍法第18条等の規定の趣旨に照らし、15歳以上の者については意思能力を有するものとして取り扱っているとの考え方もあります（裁判所職員総合研修所監修『家事事件手続法下における書記官事務の運用に関する実証的研究——家事調停事件及び別表第一審判事件を中心に』（司法協会、2018年）28頁等参照）。

**Q48**
子の嫡出否認権に係る嫡出否認の訴えの出訴期間の特則は、親権を行う母、親権を行う養親又は未成年後見人には適用しないものとしていますが、その趣旨は何ですか（第 778 条の 2 第 3 項関係）。

**A**　第 774 条第 2 項は、嫡出推定規定により子の父が定められる場合において、親権を行う母、親権を行う養親又は未成年後見人は、子のために、嫡出否認の訴えを提起することができるものとしていますが、その趣旨は、子が幼少の間に自ら訴訟行為をすることは事実上困難であることから、その利益を保護するために、子を代理して嫡出否認権を行使することができるようにするということにあります（Q25 参照）。他方で、子の嫡出否認権に係る嫡出否認の訴えの出訴期間の特則（第 778 条の 2 第 2 項）については、子が自ら訴訟追行をすることが可能となっていることが前提となっているという意味において、これを子以外の者に適用する必要性がありません。

　また、子の嫡出否認権に係る嫡出否認の訴えの出訴期間の特則の趣旨は、原則的な出訴期間が経過した後であっても、子が 21 歳に達するまでの間は、一定の要件を満たすことを条件に、子が自らの判断によって嫡出否認の訴えを提起することができることとする点にあります（Q43 参照）。そうすると、子の嫡出否認権に係る嫡出否認の訴えの出訴期間の特則を、親権を行う母、親権を行う養親又は未成年後見人にも適用することは、嫡出否認の訴えを提起するか否かを子の判断に委ね、その判断を尊重するという特則の趣旨にも反することとなると考えられます。

　そのため、改正法では、子の出訴期間の特則は、親権を行う母、親権を行う養親又は未成年後見人が子のために嫡出否認権を行使する場合については適用されないものとしています（第 778 条の 2 第 3 項）<sup>(注)</sup>。

　（注）　未成年である子の親権者が、子の法定代理人として、嫡出否認の訴えに関する訴訟委任契約を締結することについては、それを制限する規定はなく、否定されるものではないと考えられます。もっとも、親権者が子の法定代理人として委任契約を締結した訴訟代理人がいる場合であっても、あくまでも子が原告として嫡出否認の訴えを提起するもの

である以上は、子に意思能力が備わっている必要があり、子の意思に反して嫡出否認の訴えを提起することができるものではないと解されます。

**Q49**　夫が成年被後見人である場合における出訴期間について定める改正前の第778条を削除していますが、その趣旨は何ですか。

**A**　改正前の第778条は、夫が成年被後見人である場合における出訴期間の特則を定める規定であり、嫡出否認権者が夫に限られることを前提に、その嫡出否認権の行使の機会をできるだけ確保することが子の利益等の観点から重要であるとの考えに基づく規定であると解されます<sup>(注1)</sup>。

　もっとも、この規定については、夫が成年被後見人である場合には、その取消しの審判がされるまで夫の嫡出否認権の行使期間が満了しないため、子の身分関係が長期間安定しないことにつながる等の指摘があったほか、成年被後見人の権利行使に関する民法の他の規律との均衡等の観点に照らしても<sup>(注2)</sup>、これを維持すべき必要性は高くないものと考えられました。さらに、改正法では、嫡出否認権者を夫のみならず子や母にも拡大することとしているところ、これにより、夫が成年被後見人である場合であっても、子又は母等による嫡出否認権の行使を期待することが可能となることから、子の利益等の観点に照らしても、敢えて改正前の第778条の規律を維持する必要性は高くないといえます。

　このような観点から、改正法では、改正前の第778条を削除することとしたものです。

　（注1）　改正前の第778条は、夫が成年被後見人である場合も、その意思能力が回復している限りは自ら嫡出否認の訴えを提起することができ（人事訴訟法第13条）、また、夫の成年後見人等が夫に代わって嫡出否認の訴えを提起することができるものの（同法第14条）、改正前の第777条の期間内に夫が意思能力を回復し又は夫の成年後見人等が訴えを提起することが必ずしも確保されていないことから、出訴期間の起算点を後見開始の審判の取消しがあった後夫が子の出生を知った時からとすることとしたものと説明されています。

　（注2）　成年被後見人の行為能力と権利行使の期間制限に関する規律としては、第158条第1項が、消滅時効に関して、時効の期間の満了前6か月以内の間に成年被後見人に法定代理人がないときは、成年被後見人が行為能力者となった時又は法定代理人が就職した時から6か月を経過するまでの間は、その成年被後見人に対して、時効は完成しないとし

ています。また、親族法上の期間制限に関する規律には、改正前の第 778 条に相当するものはありません。

## 3　訴訟手続等

**Q50**　嫡出否認の訴えに係る特別代理人の選任については、どのような見直しがされたのですか（第775条第2項、改正後の家事事件手続法第159条第2項関係）。

**A**　第775条第2項では、父又は前夫が、親権を行う母に対し嫡出否認権を行使しようとする場合において、親権を行う母がいないときは、家庭裁判所が選任した特別代理人を被告として訴訟追行させることが相当であることから、家庭裁判所は、特別代理人を選任しなければならないものとしています。これは、改正前の第775条後段において、嫡出否認権者である夫との関係で定められていた規律を、新たに嫡出否認権者とされる前夫との関係でも適用されることとした上で、その規定の位置を第775条第2項に移したものです。

また、改正後の家事事件手続法第159条第2項は、嫡出否認の訴えの特別代理人の選任の審判事件における申立人の手続行為能力について、家事事件手続法第118条を準用することによりその制限を受けないこととするとの従前からの規律を維持しつつ、改正法において嫡出否認権者が前夫にも拡大されることに伴い、前夫も当該審判事件の申立人となることを明確に定めることとしています。

**Q51** 嫡出否認の訴えについて、原告又は原告となり得る者が死亡した場合の規律は、どのようなものですか（改正後の人事訴訟法第41条第1項・第2項関係）。

**A** 　**1　原告が死亡した場合**
　改正前の人事訴訟法第41条第2項では、嫡出否認権者である夫が嫡出否認の訴えを提起した後に死亡した場合には、子のために相続権を害される者その他夫の三親等内の血族が、一定の期間内に限り訴訟手続を受け継ぐことができることとされていました。このような規律については、その実質を見直す必要はないと考えられることから、改正法においても同規律を維持することとしています（改正後の人事訴訟法第41条第2項）。
　ところで、改正法では、嫡出否認権者を子及び母並びに前夫にも拡大していますが、それらの者が嫡出否認の訴えを提起した後に死亡した場合については、その訴訟手続の承継に関する規律を設けていません。これは、子の嫡出否認に係る原則的な出訴期間（子の出生の時から3年以内）を前提とすると、嫡出否認の訴えを提起した子に直系卑属が存在することは想定し難く、嫡出否認の訴えを提起した父と同様の規律を新たに設ける必要性が高いとまではいえないこと、また、子の嫡出否認権に係る嫡出否認の訴えの出訴期間の特則を認めた趣旨（Q43参照）に照らすと、特則によって嫡出否認の訴えを提起するか否かの判断は子自身によって行われるべき一身専属的なものと解するのが相当であること、これと同様に、母及び前夫の嫡出否認権についても、それらを認めた趣旨（Q26、Q32参照）に照らすと、嫡出否認の訴えを提起するか否かの判断は母及び前夫自身によって行われるべき一身専属的なものと解するのが相当であるとの理由によります。

**2　原告となり得る者が死亡した場合**
　改正前の人事訴訟法第41条第1項では、嫡出否認権者である夫が子の出生前に死亡したとき又は改正前の第777条所定の出訴期間内に嫡出否認の訴えを提起することなく死亡したときは、その子のために相続権を害される者その他夫の三親等内の血族は、嫡出否認の訴えを提起することができることとされていました。このような規律についても、その実質を見直す必要はな

いと考えられることから、改正法においても同規律を維持することとしています（改正後の人事訴訟法第41条第1項）。

　他方で、新たに嫡出否認権を認められることとなった子及び母並びに前夫が嫡出否認の訴えを提起する前に死亡した場合については、同様の規律は設けていません。これは、子についてその出生前に死亡することが想定されないことのほかは、上記1と同じ理由によるものです。

**Q52**
嫡出否認の訴えについて、被告又は被告となり得る者が死亡した場合の規律は、どのようなものですか（改正後の人事訴訟法第 27 条第 2 項関係）。

**A**
### 1　子が死亡した場合

改正前の人事訴訟法第 27 条第 2 項では、嫡出否認の訴えの係属中に被告が死亡した場合には、訴訟は当然に終了することとされていました。これは、改正前の民法においては、嫡出否認権者が夫に限定され、出訴期間も夫が子の出生を知った時から 1 年以内に限定されていることから、嫡出否認の訴えは、夫が原告となって、年少の子又は親権を行う母を被告として提起するものであることが一般的であるところ、被告である子が死亡した場合には、父子関係が現存しなくなることに伴い、嫡出否認の目的も失われるといえることから、当然に訴訟が終了することとしたものと考えられます。このような規律については、その実質を見直す必要がないと考えられることから、改正法においても同規律を維持することとしており、父が子を被告として提起する嫡出否認の訴え（第 775 条第 1 項第 1 号）において、被告である子が死亡した場合については、当然に訴訟が終了することとなります（改正後の人事訴訟法第 27 条第 2 項）。

### 2　父が死亡した場合

改正法では、嫡出否認権者を子及び母並びに前夫にも拡大した上で、それらの者が提起する嫡出否認の訴えにおいて父に被告適格を認めており、父が死亡した場合の規律が問題となります。

この点、父が死亡した場合において父子関係が現存しなくなるとの点は、子の死亡の場合と異なるものではありませんが、子の法律上の父が誰であるかは、父の死亡後においても、子の氏、戸籍、相続等に関わること、また、子が生物学上の父との間に新たな父子関係を形成することを可能とするためには、推定される父との間の父子関係を否認する必要があること等の観点に照らし、父が死亡したことをもって訴訟が当然に終了するものとすることは、相当でないと考えられます。

そこで、改正後の人事訴訟法第 27 条第 2 項では、被告が死亡した場合に

終了することとなる人事訴訟から父を被告とする嫡出否認の訴えを除くことにより、被告である父が死亡しても訴訟は当然には終了しないものとしています。

　その結果、子又は母が嫡出否認権を行使する場合において、嫡出否認の訴えを提起する前に父が死亡しているときは、検察官を被告として嫡出否認の訴えを提起することとなり（人事訴訟法第12条第3項）、嫡出否認の訴えの提起後に被告である父が死亡したときは、検察官を被告として訴訟を追行することになります（同法第26条第2項）。

### 3　親権を行う母が死亡した場合

　改正前の第775条において嫡出否認の訴えの被告適格を認められていた親権を行う母について、その訴訟法上の地位に関する見解としては、法定代理人説と法定訴訟担当説があるとされており、被告である親権を行う母が死亡した場合に訴訟が当然に終了するか否かについても、解釈に委ねられていました。

　この点、改正法は、母の訴訟法上の地位に関する学説の対立には立ち入らないことを前提としており、被告である親権を行う母が死亡した場合の規律についても、引き続き解釈に委ねられることになります。

　なお、被告である親権を行う母が死亡しても訴訟は当然には終了しないとの解釈を採る場合には、「親権を行う母がないとき」（第775条第2項）に当たるものとして、家庭裁判所が選任する特別代理人を被告として訴訟が追行されることとなるものと考えられます。

**Q53** 前夫が嫡出否認の訴えを提起する場合において、女性が前夫と婚姻を解消してから子を出産するまでの間に複数の男性と婚姻をしているときは、それらの者を被告とする嫡出否認の訴えを併合して提起する必要があり、それらの訴えの弁論及び裁判を分離することを禁止していますが、その趣旨は何ですか（改正後の人事訴訟法第41条第3項・第4項関係）。

**A** 　母が子の懐胎から出生までの間に複数回離婚と再婚を繰り返していた場合には、子の出生の直近の婚姻より前の婚姻における夫は、全員が第774条第4項に規定する「前夫」に該当し、それぞれ子の出生の直近の婚姻における夫の子の嫡出であることを否認することができます。

　ここで、再婚後の夫の子との推定が否認された場合には、当該再婚後の夫を除き、子の出生の直近の婚姻における夫の子と推定するとの規律（第772条第4項）を前提とすると、例えば、母がAとの婚姻中に子を懐胎し、その子の出生までの間に、Aと離婚してBと再婚し、更にBとも離婚してCと再婚した場合において、AがCの子であることを否認する訴えのみを提起したときには、仮にその請求が認容されたとしても、Aは子の父とは推定されず、子の父となる意思を示していないBが子の父と推定されるにとどまることとなります。

　しかし、子を養育する意思を示していないBが父とされることは、子の利益を害することとなるおそれがあります。また、そもそも、再婚後の夫の子と推定される子について、前夫に嫡出否認権を認めることとした主な趣旨は、再婚後の夫の子であるとの推定が事実に反し、実際には前夫が子の生物学上の父である場合に、前夫に子の法律上の父となる機会を確保するという点にあります（Q32参照）。これらの観点を踏まえると、AがCの子であることを否認する訴えを提起することが許容されるのは、Bの子であることを否認する訴えをも併合して提起することによって、A自身が子の父と推定されることとなるときに限られるものとすることが相当です。

　そこで、改正後の人事訴訟法第41条第3項では、前夫は、嫡出否認の訴えを提起する場合において、子の懐胎の時から出生の時までの間に、前夫の後に母と婚姻していた者（父を除く。）がいるときは、これらの者を被告とす

る嫡出否認の訴えをその嫡出否認の訴えに併合して提起しなければならない
ものとし、同条第4項では、このようにして併合して提起された嫡出否認の
訴えの弁論及び裁判は、分離しないでしなければならないものとしています。

**Q54** 前夫が、父を被告とする嫡出否認の訴えと、他の前夫を被告とする嫡出否認の訴えを併合提起しなければならないとの規律は、調停手続にも及びますか。

**A** 改正法では、例えば、母がAとの婚姻中に子を懐胎し、その子の出生までの間に、Aと離婚してBと再婚し、更にBとも離婚してCと再婚したという事案において、Aが嫡出否認の訴えを提起する場合には、Aは、Cを被告とする嫡出否認の訴えとBを被告とする嫡出否認の訴えを併合して提起しなければならないものとし（改正後の人事訴訟法第41条第3項）、このようにして併合して提起された嫡出否認の訴えの弁論及び裁判は、分離しないでしなければならないものとしています（同条第4項）。

　そして、これらの規律の趣旨（Q53参照）は、前夫が嫡出否認の調停を申し立てる場合についても及ぶものと解されます。

　具体的には、例えば、上記事案において、Aが、Bの子との推定を否認する嫡出否認の調停を併合することなく、Cの子との推定を否認する嫡出否認の調停を申し立てた場合には、Cの子との推定を否認する旨の合意が成立したときであっても、改正後の人事訴訟法第41条第3項・第4項の趣旨に照らすと、そのような合意は正当とは認め難いものというべきであり、合意に相当する審判をすることはできないものと考えられます（家事事件手続法第277条第1項）。

　したがって、家庭裁判所は、上記のような調停の申立てについては、Bの子との推定を否認する嫡出否認の調停を併合して申し立てるよう促し、この促しに当事者が応じて調停が併合され、Cの子との推定を否認するとともにBの子との推定をも否認する旨の合意が成立した場合において、必要な事実を調査した上で、当該合意を正当と認めるときは、合意に相当する審判をすることとなり、他方、上記促しに当事者が応じることなく、Cの子との推定を否認する旨の合意のみが成立するにとどまる場合には、成立した合意を正当と認めることはできず、調停が成立しないものとして、調停事件を終了させるべきものと考えられます（家事事件手続法第277条第1項・第4項、第272条第1項）。

**Q55**
前夫が、父を被告とする嫡出否認の訴えと、他の前夫を被告とする嫡出否認の訴えを併合提起しなければならないとの規律に関して、請求の趣旨はどのようなものとすることが考えられますか。また、当事者の一部から又は一部に対して上訴がされた場合の審理の在り方はどうなりますか。

**A**

### 1　請求の趣旨について

　改正後の人事訴訟法第41条第3項では、例えば、母がAとの婚姻中に子を懐胎し、その子の出生までの間に、Aと離婚してBと再婚し、更にBとも離婚してCと再婚したという事案において、Aが嫡出否認の訴えを提起する場合には、Aは、Cを被告とする嫡出否認の訴えとBを被告とする嫡出否認の訴えを併合して提起しなければならないものとし、同条第4項では、このようにして併合して提起された嫡出否認の訴えの弁論及び裁判は、分離しないでしなければならないものとしています。

　そして、これらの規律の趣旨（Q53参照）を踏まえると、上記事案において、Aが併合して提起する嫡出否認の訴えにおける請求の趣旨については、次のように、Cに対する請求を認容する判決の確定を、Bに対する請求を認容する判決の停止条件とすることが考えられます。

　「1　子がCの嫡出子であることを否認する。

　　2　前項の判決が確定したときは、子がBの嫡出子であることを否認する。」

### 2　上訴がされた場合について

　上記1の事案の第一審において、AのCに対する嫡出否認の訴えとAのBに対する嫡出否認の訴えとが併合審理されて判決がされ、C若しくはBの一方から又はC若しくはBの一方に対して控訴が提起された場合には、通常共同訴訟における移審についての一般的な考え方に従う限り、移審して控訴審の審判の対象となるのは控訴に係る当事者間の請求のみであり、他の当事者間の請求は移審することなく確定するものと考えられます。

　もっとも、①第一審において、Cに対する請求を認容するとともに、当該認容判断の確定を停止条件としてBに対する請求をも認容するとの判決が

された場合において、Cに係る認容判決についてのみCから控訴がされ、控訴審において、第一審判決を変更してAのCに対する請求を棄却するとの判決がされて確定したときは、Bに係る認容判決は、停止条件が成就しないこととなり、実質的にその効力を失うこととなるものと考えられ、また、②第一審において、Cに対する請求を認容するとともに、Bに対する請求を棄却するとの判決がされた場合において<sup>(注)</sup>、Cに係る認容判決についてのみCから控訴がされ、控訴審において、第一審判決を変更してAのCに対する請求を棄却するとの判決がされて確定したときは、AのCに対する嫡出否認権の不存在が確定することとなり、AのBに対する請求を棄却するとの第一審判決が存在することにかかわらず、引き続き子はCの子であることになるものと考えられ、③第一審において、Cに対する訴えを却下し又はCに対する請求を棄却するとともに、Bに対する訴えを却下し又はBに対する請求を棄却するとの判決がされた場合において、Cに係る却下判決又は棄却判決についてのみAから控訴された場合には、改正後の人事訴訟法第41条第3項・第4項の趣旨に照らし、当該控訴は不適法なものとして却下され得るものと考えられること等から、第一審の確定判決と控訴審判決との間の不整合が深刻な混乱を生じるような事態は、実質的に回避することが可能であるものと考えられます。

　他にも理論的には様々なケースを想定し得るところですが、いずれにしても、改正後の人事訴訟法第41条第3項・第4項の趣旨を踏まえ、AのCに対する請求のみならずAのBに対する請求もまた認容される場合に限って、AのCに対する請求を認容する判決が効力を生じることとなるような解釈運用が求められるものといえます。

　（注）　Aが、子がCの子であることを否認する訴えとBの子であることを否認する訴えを併合して提起した事案において、生物学的な父がBであることが明らかになった場合には、AのCに対する請求が認められる一方で、AのBに対する請求は認められないという事態が論理的には生じ得ることとなります。このような場合、裁判所において、AのCに対する請求について、「その否認権の行使が子の利益を害することが明らかなとき」（第774条第4項ただし書）に当たるか否かを審理するに当たり、Bに子を養育する意思があるか等の事情をも考慮することにより、AのCに対する請求を認めないこととする

余地があるものと考えられますが、最終的には、具体的な事案を前提とした裁判所の個別的判断に委ねられることとなります。

**Q56** 再婚後の夫の子と推定される子について嫡出否認の判決又は合意に相当する審判が確定した場合には、家庭裁判所が前夫に対してその判決又は合意に相当する審判の内容を通知することとしていますが、その趣旨は何ですか（改正後の人事訴訟法第 42 条、改正後の家事事件手続法第 283 条の 2 関係）。

**A** 婚姻の解消又は取消しの日から 300 日以内かつ母の再婚後に生まれたことによって、再婚後の夫の子と推定される子について、嫡出否認がされた場合には、子は母の前夫の子と推定されることとなります（第772 条）。

　もっとも、前夫は、再婚後の夫の子との推定を否認する手続には必ずしも関与するものではなく、同推定が否認されたことによって新たに自らが子の父と推定されることとなったことを当然には知ることができません。

　その上で、嫡出否認の判決又は合意に相当する審判の結果、子の父と推定されることとなった前夫が、その子の父としての責任を負うことを認識し、適切に子の養育を開始できるようにするためには、嫡出否認の判決又は合意に相当する審判が確定した後、前夫に対してその事実を通知することが相当であると考えられます。

　また、前夫は、子が自らの生物学上の子でない場合には、前夫が嫡出否認の裁判が確定したことを知った時から 1 年以内に限り、更に嫡出否認の手続をとることができますが（第 774 条第 4 項、第 778 条第 4 号）、子の身分関係を早期に安定させる観点からは、前夫による嫡出否認の訴えの出訴期間の起算点を設定するため、前夫に嫡出否認の事実を通知することが相当であると考えられます[注1]。

　そこで、改正法では、嫡出否認の判決又は合意に相当する審判が確定したときは、裁判所は、前夫に対して、当該判決又は合意に相当する審判の内容を通知するものとしています（改正後の人事訴訟法第 42 条、改正後の家事事件手続法第 283 条の 2)[注2]。

（注1）　前夫が、裁判所からの通知を受領するより前に、再婚後の夫の子との推定を否認する裁判が確定したことを知った場合には、その時点から前夫の嫡出否認の訴えの出訴

期間が計算されることになります。

　（注 2）　前夫が自ら嫡出否認権者として嫡出否認の手続を追行した場合については、これらの規律の趣旨は妥当しないことから、前夫に対する通知をする必要はありません。また、これらは、嫡出否認の訴えを認容する判決が確定したときの規定であることから、嫡出否認の訴えについて請求棄却判決が確定した場合についても、前夫に対する通知は不要です。

**Q57**　嫡出否認の判決又は合意に相当する審判が確定した場合における前夫への通知について、通知すべき前夫の範囲はどのようなものですか。また、仮に裁判所から通知がされなかった場合には、当該裁判の効力はどうなりますか（改正後の人事訴訟法第42条、改正後の家事事件手続法第283条の2関係）。

**A**

## 1　通知すべき前夫の範囲

　嫡出否認の判決又は合意に相当する審判が確定したときは、裁判所は、前夫に対して、当該判決又は合意に相当する審判の内容を通知するものとしていますが、通知すべき前夫は、裁判記録上、その氏名及び住所又は居所が判明しているものに限られます（改正後の人事訴訟法第42条、改正後の家事事件手続法第283条の2）。

　これは、この通知が、前夫に嫡出否認の事実を知らせることによって、早期に子の養育を開始させること等を目的とするものであり（Q56参照）、嫡出否認の手続自体に必要なものとして行われるものではないことを踏まえ、裁判所がこの通知をするために特段の調査等をすることまで求めることは相当でないと考えられることによるものです。

　なお、前夫が複数いる場合には、裁判記録上その氏名及び住所又は居所が判明している限り、全ての前夫に通知をすべきこととなります。

## 2　通知がされなかった場合の裁判の効力

　嫡出否認の判決又は合意に相当する審判が確定した場合における前夫に対する通知は、前夫に嫡出否認の事実を知らせることによって、早期に子の養育を開始させること等を目的とするものであり（Q56参照）、嫡出否認の手続自体に必要なものとして行われるものではありません。

　そうすると、万が一裁判所が裁判記録上その氏名及び住所又は居所が判明している前夫に対する通知をしなかったとしても、そのことによって裁判手続が違法になるものではなく、判決又は合意に相当する審判に瑕疵が生じたりするものでもないと考えられます。

## 4　嫡出の承認

**Q58**　嫡出の承認については、どのような見直しがされたのですか（第776条関係）。

**A**　改正前の第776条では、嫡出否認権者である夫が、子の出生後において、その嫡出であることを承認したときは、夫の嫡出否認権は失われるものとされており、その趣旨は、法律上の父子関係を早期に確定させることにあるとされています。

　このような嫡出の承認の規律の趣旨は、新たに嫡出否認権が認められることとなった母が嫡出であることを承認したときについても妥当することから、改正法では、夫のみならず、母についても同様の規律を設けることとしています（第776条）。

　他方で、新たに嫡出否認権が認められることとなった子については、その嫡出否認権に係る嫡出否認の訴えの原則的な出訴期間内（子の出生の時から3年以内）に自律的な判断に基づき嫡出の承認をすることは実際上想定し難く、また、子の嫡出否認権に係る嫡出否認の訴えの出訴期間の特則（第778条の2第2項）を前提としても、嫡出否認の訴えの出訴期間内に子の側から積極的にその嫡出否認権を確定的に放棄することにより保護される利益の実質等については、必ずしも明確ではない面があること等を踏まえ、嫡出の承認に関する規律は設けないこととしています。

　さらに、新たに嫡出否認権が認められることとなった前夫については、再婚後の夫の子との推定が否認されるまでは父子関係の当事者ではなく、それまでの間に嫡出の承認をすることは想定し難いこと等を踏まえ、やはり嫡出の承認に関する規律は設けないこととしています。

**Q59** 母が固有の嫡出否認権に係る嫡出の承認をした場合に、親権を行う母として子の嫡出否認権を行使することはできますか。

**A**　第776条では、嫡出否認権者である母が、子の出生後において、その嫡出であることを承認したときは、母の嫡出否認権は失われるものとしています（Q58参照）。

　もっとも、親権を行う母は、子のために嫡出否認の訴えを提起することができるところ（第774条第2項）、嫡出の承認をした母が親権を行う母として子の嫡出否認権を行使することができるかが問題となります。

　この点、そもそも子について嫡出の承認の規定は設けられていないこと（Q58参照）、また、親権を行う母が子の嫡出否認権を代理行使して提起する嫡出否認の訴えと、母がその固有の嫡出否認権を行使して提起する嫡出否認の訴えとは、訴訟物を異にする訴えであると考えられること（Q29参照）等を踏まえると、母が嫡出の承認をした場合であっても、子の嫡出否認権について嫡出の承認がされたこととなるわけではなく、親権を行う母は、子の利益のためにその嫡出否認権を行使することができるのが原則であると考えられます。

　もっとも、母が、推定される父が子の父であることを承認した後、特段の事情変動が生じたわけではないにもかかわらず、子の嫡出否認権を行使することで父子関係を否認しようとすることについては、親権を行う母としての権利の濫用に該当するものとして許されないとの判断がされることもあり得るものと考えられます。

## 5　子の監護に要した費用の償還請求の制限等

**Q60**　嫡出であることが否認された場合であっても、子は、父であった者が支出した子の監護に要した費用を償還する義務を負わないこととしていますが、その趣旨は何ですか（第778条の3関係）。

**A**　父は、子に対して負う扶養義務に基づき、子の監護に要する費用を負担すべき立場にあるところ、嫡出推定が否認された場合には、父子関係は子の出生時に遡って否定されることとなるため、父が支出した子の監護に要した費用は、法律上の原因を欠くものとして、不当利得の返還請求の対象となり得ます（注1）。

　しかし、父が子の監護に要する費用を負担することは、経済的に自立していない者の生活を保障するという扶養の性質を有するものであること、また、嫡出推定制度の下では、子の身分関係の早期安定を図るため、生物学上の父子関係の存否にかかわらず、母の夫を子の父と推定し、法律上の父としての責任を負わせることとしていること、さらに、子が監護費用の償還の負担の懸念から嫡出否認権の行使をためらうといった事態は望ましくないこと等を考慮すると、子の利益を保護するとの政策的観点から、嫡出推定が否認された場合であっても、子の監護のために負担した費用の子に対する償還を制限することとするのが相当であると考えられます。

　そこで、改正法では、嫡出推定が否認された場合であっても、子は、父であった者が支出した子の監護に要した費用を償還する義務を負わないこととしています（第778条の3）（注2）（注3）。

　（注1）　子の嫡出否認権に係る嫡出否認の訴えの出訴期間の特則が設けられることを踏まえると、子の出生から嫡出否認がされるまでの間において、父の立場にある者が子の監護に相当額の費用を支出している蓋然性は総じて高まるものと考えられ、否認後におけるその清算が問題となる場面が増加することも想定されます。

　（注2）　第778条の3の規律は、不当利得法の一般的規律によれば発生するはずの不当利得返還請求権について、それが「子の監護に要した費用」に該当するものであるときは、子の利益を保護する観点から、政策的に発生しないことを定めるものです。したがって、例えば、父について相続が開始した場合であっても、子の監護に要した費用の不当利

得返還請求権が相続財産となる余地はなく、それが相続人に承継されて行使されることも
ないこととなります。

　（注3）　判例法理により認められている推定の及ばない子について、親子関係不存在確
認の判決により父子関係が存在しないことが確定した場合にも同様の問題が生じ得るとこ
ろ、この点については、第778条の3の類推解釈により対応することが考えられます。

**Q61**　父であった者が子に対して償還の請求をすることができない「子の監護に要した費用」に当たるのは、具体的にどのようなものですか。

**A**　第778条の3の規定を設けて、嫡出であることが否認された場合であっても、父であった者が支出した子の監護に要した費用については、子に対する償還を制限することとした趣旨（Q60参照）に照らせば、同規定にいう「子の監護に要した費用」とは、父が、その扶養義務に基づき、子の成長や発達のために支出した費用をいうものと解するのが相当であると考えられます。

　具体的にどのような費用が該当するかについては、個別の事案により判断されることになりますが、一般的には、子の日常生活や、子の成長のために当然に必要とされる教育費等がこれに含まれるものと考えられます。また、上記の趣旨に照らせば、父が扶養義務に基づいて子の成長や発達のために支出した費用に該当する限り、父が子に対して直接当該費用を支払ったものであるか否かにかかわらず、「子の監護に要した費用」に該当するものと解するのが相当であり、例えば、父が子の養育費として支払った金員は、それが子の母に対して給付されたものであったとしても、償還の請求をすることはできないものと考えられます[注]。

　他方、特別受益に該当するような贈与に係る支出等は、「子の監護に要した費用」には当たらないものと考えられ、このような贈与の効力については、錯誤等の法律行為一般の規律に従うことになるものと考えられます。

（注）　夫が妻に支払った婚姻費用分担金について
　夫が妻に対して支払った婚姻費用分担金のうち子の養育のための費用に相当する部分について、それが支払われたことによる子の利得と夫の損失との間に因果関係が認められるような場合には、夫から子に対する不当利得返還請求の余地が全くないとまではいえないとも考えられます。
　もっとも、そのように解した場合であっても、婚姻費用分担金のうち、子の養育のための費用として支払われたと見ることができる部分に関しては、夫が子の扶養義務に基づき支払った金員について、子の利益を保護する観点からその償還を制限するという第778条の3の趣旨が妥当するものと考えるのが相当です。したがって、結論的に、夫は、自らが

支払った婚姻費用分担金のうち養育のための費用に相当する部分について、子に対して返還を求めることはできないものと考えられます。

**Q62**
父であった者は、子に対して償還の請求をすることができない「子の監護に要した費用」について、子の母や、否認後に子の法律上の父となった者に対して、償還の請求をすることができますか。また、この点に関する規律は設けられていませんが、その理由は何ですか。

**A**　第877条第1項には、父母の子に対する扶養義務が定められているところ、父であることが否認された者が子を扶養したことによって、母がその扶養義務を免れたといえる場合には、父であることが否認された者から母に対する不当利得の返還請求の可否が問題となり得ます。

また、父の子であることが否認された後、嫡出推定又は認知によって新たに子の父と定められた者が存在する場合において、新たな父は子の出生の時に遡って子に対する扶養義務を負うものと解するときには、同様に、父であることが否認された者から新たな父に対する不当利得の返還請求の可否が問題になり得ます。

もっとも、これらは、第778条の3において子の監護に要した費用の償還の制限の規律を設けたことによって生じる問題ではなく、改正前の民法の下でも生じていた問題であるところ、これをどのように考えるべきかについて、確立した裁判例や学説は存在しない状況にあります。

その上で、仮に、一律に父であった者から他の扶養義務者に対する求償を認めるような規律を設けた場合、高額の求償がされることを懸念する母等が嫡出否認権の行使を躊躇し、結果的に子の利益が図られないこととなるおそれが否定できないこと、また、父であった者から他の扶養義務者に対する求償を認めるべきか否かは、父が子の監護に要する費用を支出した経緯や、父による求償請求の時期等の諸般の事情を考慮する必要があるとも考えられること等から、この問題については、今後の個別事案における判断の積み重ねを待つことが妥当であると考えられます。

このような観点から、改正法では、父であった者から子の母及び否認後に子の法律上の父となった者に対する償還請求の可否等については、特段の規律を設けることなく、引き続き解釈に委ねることとしているものです。

**Q63**
相続の開始後に嫡出否認権が行使されて新たに被相続人の子と定められた者は、既に遺産分割等の処分がされていた場合には、遺産分割に関し価額のみによる支払の請求権を有するものとしていますが、その趣旨は何ですか（第778条の4関係）。

**A**
再婚後の夫の子との推定が否認されたことにより、新たに前夫が子の父と定められた場合において、当該前夫が死亡しており、他の共同相続人が既にその遺産の分割その他の処分をしていたときは、新たに前夫の相続人としての地位を取得した子を含む共同相続人間で遺産分割をやり直すこととなり得るところ、そのような事態は、前夫の相続をめぐる法律関係をいたずらに不安定なものとするおそれがあり、相当とはいえないと考えられます。

そこで、第778条の4では、相続の開始後に認知された者の価額の支払請求権について定める第910条の規定を参考に、前夫の相続の開始後に新たに前夫の子と推定された者が相続人として遺産の分割を請求しようとする場合において、他の共同相続人が既にその分割その他の処分をしていたときは、当該相続人は価額のみによる支払の請求権を有するものとしています。

# 第3章　女性の再婚禁止期間の廃止

## Q64　女性に係る再婚禁止期間の廃止やそれに伴う見直しの概要は、どのようなものですか。

**A**　改正前の第733条では、改正前の嫡出推定制度を前提として、女性の再婚後に生まれた子について、前夫の嫡出推定と再婚後の夫の嫡出推定との重複を回避することを目的として、女性についてのみ100日の再婚禁止期間が設けられていました。

しかし、改正法では、嫡出推定制度を見直し、前婚の解消又は取消しの日の後300日までの期間に出生した場合であっても、母の再婚後に出生した場合には、再婚後の夫の子と推定することとしています（Q18参照）。

このような嫡出推定制度の見直しの結果、嫡出推定の重複により父が定まらない事態は生じないこととなり、女性の再婚禁止期間を設ける必要がなくなることから、改正法では、女性の再婚禁止期間を廃止することとしています(注)。

また、女性の再婚禁止期間の廃止に伴い、再婚禁止期間内にした婚姻の取消しについて定める改正前の第746条を削除するほか、父を定めることを目的とする訴えについて定める規定について、再婚禁止期間に違反して再婚をした女性が出産した場面への適用はなくなることを踏まえた見直しを行っています（第773条）。

（注）　法的には、離婚届を提出した直後から、再婚に係る婚姻届を提出することが可能となります。なお、現在の戸籍実務上、離婚届を提出してから市町村の戸籍情報システムに離婚の成立が反映されるまで一定の期間を要しますが、戸籍窓口において、離婚届を提出した事実が確認できる限り、戸籍情報システムへの離婚の成立の反映が未了であっても、再婚に係る婚姻届を受理することは可能であるものと考えられます。

## Q65

女性に係る再婚禁止期間について、これを廃止するに至るまでの経緯はどのようなものですか。また、これを廃止することには、どのような意義がありますか。

## A

### 1　廃止に至る経緯

　女性の再婚禁止期間については、明治31年制定の明治民法以来、女性は、前婚の解消又は取消しの日から6か月を経過した後でなければ、再婚をすることができないとする規定が置かれていました。

　ところが、平成27年12月、最高裁大法廷において、女性の再婚禁止期間のうち100日を超える部分については、第772条の定める父性の推定の重複を回避するために必要な期間ということはできないとして、憲法第14条第1項及び第24条第2項に違反している旨の違憲判決がされました。

　この最高裁大法廷判決を受けて、違憲とされた部分を是正するため、平成28年6月に成立した民法の一部を改正する法律（平成28年法律第71号）により、女性の再婚禁止期間を6か月から100日に短縮する等の改正がされました。

　そして、改正法では、嫡出推定制度を見直すことにより、嫡出推定の重複により父が定まらない事態は生じないこととなり、女性の再婚禁止期間を設ける必要がなくなることから、女性の再婚禁止期間を廃止することとしたものです。

### 2　廃止の意義

　女性の再婚禁止期間の廃止は、嫡出推定制度の見直しに伴い必要性が失われる規定を削除するものですが、その国民生活に及ぼす影響という観点からは、婚姻の要件に関する両性の平等という憲法的価値を十全に実現するとともに、父性推定が重複する場面においては再婚後の夫の子との推定を優先させるとの新たな規律と相まって、無戸籍となる子が生ずることの防止にも資するという積極的意義を有するものであるといえます[注1][注2]。

　（注1）　諸外国等における女性の再婚禁止期間の定めの有無等についてみると、そのような定めが存在する国等がある一方で（例えば、イタリア民法には、女性は前婚の解消等

の日から300日を経過した後でなければ再婚できない旨の規定があります。)、かつて女性の再婚禁止期間が定められていたものの、それを既に廃止した国等もあります（ドイツ（1998年廃止）、フランス（2005年廃止）、韓国（2005年廃止）、台湾（1998年廃止）、オーストリア（1984年廃止）等）。

　（注2）　我が国の民法上の女性の再婚禁止期間については、国際連合の自由権規約委員会、女子差別撤廃委員会からも、懸念が示されたり、撤廃の勧告がされるなどしていました。

## Q66　父を定めることを目的とする訴えについて、どのような見直しがされたのですか（第773条、改正後の人事訴訟法第45条第1項・第2項関係）。

**A**　改正前の第773条は、女性の再婚禁止期間の定めを前提として、その定めに違反して再婚をした女性が出産し、父性推定が重複した場合における、父子関係確定のための手続について定める規定です。

　また、この規定は、重婚禁止の定め（第732条）に違反して婚姻した女性が出産し、父性推定が重複した場合についても、類推適用されるものと解されています。

　そして、改正法では、女性の再婚禁止期間の廃止により、再婚禁止期間の定めに違反して再婚をした女性が出産すること自体がなくなるものの、重婚禁止の定めに違反して婚姻した女性が出産し、父性推定が重複することは今後も引き続き生じ得るため、父を定めることを目的とする訴えに関する規定を、重婚禁止の定めに違反して婚姻した女性が出産した場合に適用されるものであることを明確にする形で見直しています（第773条）。

# 第4章　認知に関する規律等の見直し

## 第1　胎児認知の見直し

**Q67** 胎児認知については、どのような見直しがされたのですか（第783条第2項関係）。

**A** 　改正法では、女性が婚姻前に懐胎した子であって、婚姻が成立した後に生まれた子は、夫の子と推定するものとしていることから（第772条第1項後段）、その子について夫以外の者による胎児認知がされていたとき（第783条第1項）には、その子が夫の子と推定されるのか、それとも胎児認知をした者の子とされるのかが問題となります。

　この点については、①母は、胎児認知を承諾したとはいえ、その後、敢えて子の出生前に別の男性と婚姻をしていることからすると、一概に、胎児認知をした者が子の生物学上の父である蓋然性が高いとまではいえないと考えられ、また、②胎児認知よりも夫の子との推定を優先させた方が、子が嫡出子の身分を取得するなど、子の地位の安定につながるということができるものと考えられます。

　そこで、改正法では、胎児認知された子が出生した場合において、第772条の嫡出推定の規定により子の父が定められるときは、胎児認知は効力を生じないものとしています（第783条第2項）<sup>(注)</sup>。

　（注）　夫の子との推定が否認された場合には、第783条第2項は適用されず、胎児認知は有効なものとして、胎児認知をした者が子の父になると解されます。

## 第2　認知無効の訴えの規律の見直し

**Q68**　認知無効の訴えの規律の見直しの概要は、どのようなものですか。

**A**　　1　改正前の規律

　嫡出でない子の父子関係は、父の認知によって生じるものとされているところ（第779条）、認知が事実に反するとき、すなわち生物学上の父ではない者が認知をしたときは、認知は無効とされ、その無効については、子その他の利害関係人が、期間の制限なく主張することができるものとされていました（改正前の第786条）。

　　2　問題の所在

　このような改正前の規律の下では、利害関係人（例えば、認知が無効であることにより自己の相続人としての地位や相続分に影響を受ける者）も認知無効の主張ができるとされていることから、父子関係の当事者及びそれに準じる立場にある母が認知を有効なものとする意思を有している場合であっても、それらの意思に反して第三者が認知の無効を主張できることとなりますが、このような規律は相当とはいえないのではないかとの指摘がありました。

　また、父子関係の当事者が認知無効の主張をする場合を想定しても、父及び子の間において、相当の期間、父子としての社会的実態を伴う生活が継続された場合にまで、生物学上の父子関係がないことを理由に、自己の一方的な意思により認知の無効を主張することができるものとすることは、父及び子の身分関係の安定を害し相当でないとの指摘もありました。

　さらに、嫡出子については、子の身分関係の早期安定を図り、家庭の平穏を保護する観点から、嫡出推定制度により父子関係を争うことができる者及び期間が厳格に制限されているにもかかわらず、嫡出でない子については、認知によって生じた父子関係を争うことができる者に利害関係人が含まれ、争うことができる期間については何らの制限も設けられていないことは、両者の取扱いの均衡を失するものであり、その是正を図る必要があるとの指摘

もありました。

### 3　改正法の規律

　これらの指摘を踏まえ、改正法では、①認知について反対の事実があることを理由として認知の無効を主張することができる者を、子又はその法定代理人、認知をした者及び子の母に限定した上で、②これらの者が認知の無効の訴えを提起することができる期間を原則として認知等の時から7年以内に制限することとしています（第786条第1項）。

**Q69** 事実に反する認知について、認知無効の訴えの提訴権者を限定することとしていますが、その具体的な内容及び根拠はどのようなものですか（第786条第1項関係）。

**A**

### 1　規律の概要

第786条第1項では、子の身分関係の安定を図るとともに、認知をする者の意思を尊重する等の観点から、認知無効の訴えの提訴権者を、子又はその法定代理人、認知をした者、子の母に限定しています。

### 2　子又はその法定代理人（第786条第1項第1号）

子は、認知により成立する法律上の父子関係の当事者であり、改正前の第786条においても、認知に対して反対の事実を主張することができる者として明示的に規定されていました。そして、このような規律を見直す必要はないと考えられることから、改正法においても、子を認知無効の訴えの提訴権者として規定しています（第786条第1項第1号）(注1)。

なお、子は、未成年者又は成年被後見人等の行為能力に制限を受ける者であっても、意思能力がある限り、手続行為能力が認められ、自ら認知無効の訴えを提起することが可能です（人事訴訟法第13条第1項）。

また、認知の訴えについて規定する第787条において、「子の法定代理人」が提訴権者とされていることを踏まえると、認知の効力を否定する訴えである認知無効の訴えについても同様の規律とすることが相当であることから、「子の法定代理人」を認知無効の訴えの提訴権者として明示的に規定しています（第786条第1項第1号）。

### 3　認知をした者（第786条第1項第2号）

認知をした者は、子と同様に法律上の父子関係の当事者であることから、これを認知無効の訴えの提訴権者として明示的に規定しています(注2)。

### 4　子の母（第786条第1項第3号）

子の母は、子を養育する立場にあることから、子の父となる認知をした者が誰かについて、重大な利害関係を有します。また、胎児認知の場合を除

き、認知者が認知をするに際して母の承諾は必要とされておらず、制度上は母が認識している事実に反して認知がされることも想定せざるを得ません。これらを踏まえて、改正法では、母に、認知無効の主張をすることについて固有の適格を認めることとしています（第786条第1項第3号）。

　（注1）　子が未成年であるか成年であるかは、提訴権者としての資格には関係しません。なお、成年の子の認知については、認知に当たって子の承諾が要件とされていることから（第782条）、血縁関係がないことを知りながら承諾をした成年の子が認知無効の主張をすることについて、何らかの制限を設けるべきかが一応問題となりますが、個別の事案に応じて一般条項等により対応することで足りるものと考えられることから、改正法では、特別の規定を設けることはしていません。

　（注2）　事実に反することを知りながら認知をした者が認知無効の主張をすることについて、何らかの制限を設けるべきかが一応問題となりますが、一般条項の適切な活用も視野に入れつつ、個別事案に応じた柔軟な解決の余地を認めることが相当であるとの観点から、改正法では、認知をした者による認知の無効の主張について、特段の制限を設けてはいません。なお、この点に関し、最高裁は、認知者が血縁上の父子関係がないことを知りながら認知をした場合において、認知者が自らした認知の無効を主張することができるかが問題となった事案について、「血縁上の父子関係がないにもかかわらずされた認知については、利害関係人による無効の主張が認められる以上（民法786条）、認知を受けた子の保護の観点からみても、あえて認知者自身による無効の主張を一律に制限すべき理由に乏しく、具体的な事案に応じてその必要がある場合には、権利濫用の法理などによりこの主張を制限することも可能である」と判示して、結論において認知者自身による無効の主張を認めつつも、権利濫用の法理などの適用の可能性に言及しています（最三小判平成26年1月14日民集68巻1号1頁）。

**Q70** 事実に反する認知について、認知無効の訴えの出訴期間を制限することとしていますが、その具体的な内容及び根拠はどのようなものですか（第786条第1項関係）。

**A** 改正法では、認知無効の訴えの出訴期間を、認知をした者については認知をした時から、それ以外の者（子又はその法定代理人、子の母）については認知を知った時から、それぞれ7年間としています（第786条第1項）。

このように、認知をした者以外の者の出訴期間の起算点を「認知を知った時」とする趣旨は、認知は認知をした者による単独行為であり、認知をした者以外の者は認知がされた事実を当然には知ることができないことから、認知無効の訴えを提起する機会を実質的に保障するため、認知をした者以外の者については、実際に訴えを提起することが可能となる「認知を知った時」を起算点とするものです。

また、出訴期間を7年間とする趣旨は、嫡出否認の訴えの原則的な出訴期間（第777条）との均衡の観点のほか、民法上の各種制度における期間制限の規定の在り方[注]を参照するなどして、認知がされたことを前提にした身分関係の状態が継続した場合において、そのような状態を覆すことがもはや社会的に相当でないと評価されるに至る時間の経過としては、7年間が合理的であると考えられるところにあります。

（注）民法上の各種制度における期間制限
○ 5年　第126条前段［取消権の期間の制限］、第166条第1項第1号［債権等の消滅時効］、第832条第1項［財産の管理について生じた親子間の債権の消滅時効］等
○ 7年　第30条第1項［失踪の宣告］、第816条第2項［離縁による復氏等］
○ 10年　第162条第2項［所有権の取得時効］、第166条第1項第2号［債権等の消滅時効］、第919条第3項後段［相続の承認及び放棄の撤回及び取消し］等

**Q71**　胎児認知がされた場合における認知無効の訴えについては、一律に、胎児認知が効力を生じる「子の出生の時」を出訴期間の起算点としていますが、その趣旨は何ですか。

**A**　改正法では、胎児認知がされた場合における認知無効の訴えについて、一律に、「子の出生の時」を出訴期間の起算点としています（第786条第1項柱書括弧書）。

　これは、①認知無効の訴えの出訴期間は、その訴えを提起することが可能となった時点から起算されるべきところ、胎児認知がその効力を生じるのは、胎児認知の時ではなく、子の出生時であることから、認知無効の訴えも、子の出生時以降において可能となると考えられること、②胎児認知には母の承諾が必要であるため、母は胎児認知の事実を当然に認識する立場にあり、また、胎児認知をした者は、一定の懐胎期間を経て子が出生することを当然に予期できる立場にあることから、認知無効の訴えを提起する機会を保障するという観点に照らしても、認知無効の訴えの出訴期間の起算点を「子の出生の時」とすれば足りると考えられることによるものです。

**Q72**　認知無効の訴えに関し、改正前は「認知に対して反対の事実を主張することができる」との文言であったのを、「認知について反対の事実があることを理由として、認知の無効の訴えを提起することができる」と改めていますが、その趣旨は何ですか（第786条第1項関係）。

**A**　事実に反する認知は無効とされるところ、この認知無効の法的性質に関する見解としては、①認知無効を宣言する判決の確定を待つまでもなく、事実に反する認知は当然に無効であるとする当然無効説と、②事実に反する認知であっても、認知無効を宣言する判決が確定してはじめて認知が無効となるとする形成無効説があるとされています[注]。

　ところで、改正法では、認知無効の主張に法律上の期間制限を設けていますが（Q70参照）、仮に、認知無効の法的性質について当然無効説（上記①）を採った場合には、認知無効の主張に法律上の期間制限を設けることが可能であることの理論的説明が困難になると考えられるところです。

　そこで、改正法においては、認知無効の法的性質について、認知無効の主張に法律上の期間制限を設けることと整合的であると考えられる形成無効説（上記②）に基づく整理を行うこととしています。

　そして、このような理解を法文にも反映させるという観点から、第786条では、規定の見出しを改正前の「認知に対する反対の事実の主張」から「認知の無効の訴え」に改めた上で、第1項において、「認知に対して反対の事実を主張することができる」との文言を「認知について反対の事実があることを理由として、認知の無効の訴えを提起することができる」と改めています。

　（注）　認知無効の訴えの性質に関する判例の立場について、これを形成訴訟と解するものであるとする見解があります（富越和厚「認知者の死亡後における認知無効の訴えの許否」法曹会編『最高裁判所判例解説民事篇平成元年度』（法曹会、1991年）124頁、126頁）。

**Q73**　母による認知無効の主張について、「子の利益を害することが明らかなとき」は制限することとしていますが、その趣旨は何ですか。また、これに当たるのは、具体的にはどのような場合ですか（第786条第1項柱書ただし書関係）。

**A**

### 1　制限の趣旨

　改正法では、母に、認知無効の主張をすることについて固有の適格を認めることとしています（Q69参照）。

　もっとも、例えば、親権を喪失し又は停止されている母が、自らによる養育の見込みや新たに子の法律上の父となる者がなく、認知が無効となった後に子が適切に養育されないことが予想されるにもかかわらず、社会的な実態を伴う父子関係の成立原因である認知の無効を主張するといった場合のように、母が濫用的に認知の無効を主張することは、子の身分関係の安定を不当に害するものとして、許されるべきではありません。

　そこで、このような場面を想定して、母の嫡出否認権を制限する規律（第774条第3項ただし書）と同様に、母による認知無効の主張が子の利益を害することが明らかなときは、当該主張は認められないものとしています（第786条第1項柱書ただし書）。

### 2　子の利益を害することが明らかなときの例

　具体的にいかなる場合が「子の利益を害することが明らかなとき」に当たるかについては、上記1で述べた場合のほか、例えば、母が、認知をした父との紛争に起因して、子の意思に反して、社会的な実態を伴う父子関係の成立原因である認知の無効を主張するといった場合や、成年の子の承諾がある認知について、母が、子の意思にかかわらず、認知の無効を訴える場合等を想定することができます。

**Q74** 子による認知無効の訴えの出訴期間について、子が 21 歳に達するまで訴えを提起することができるとの特則を設けていますが、その趣旨は何ですか（第 786 条第 2 項関係）。

**A**　子による認知無効の訴えの原則的な出訴期間は、子が認知を知った時から 7 年間とされており（第 786 条第 1 項第 1 号）、この出訴期間が経過した後には、子は認知無効の訴えを提起することはできないこととなります。

　しかし、そのような場合であっても、子と父との間に生物学上の父子関係がなく、かつ、社会的な実態としての親子関係も形成されたことがないときにまで、子が法律上の父子関係に拘束されることは、相当ではないと考えられます。

　そこで、改正法においては、子による認知無効の訴えの出訴期間の特則として、子が認知を知った時から 7 年間という原則的な出訴期間を経過した後であっても、子が 21 歳に達するまでの間は、一定の要件を満たす場合に、子が自らの判断によって認知無効の訴えを提起することができることとしています（第 786 条第 2 項）<sup>(注)</sup>。

　この特則における具体的な出訴期間を子が 21 歳に達するまでとした趣旨は、法律上の父子関係の過度な不安定化を避けるべきこと、また、法律上の父子関係の覆滅という重大な効果を生じさせる認知無効の訴えを提起することの是非について判断するためには、子が十分な判断能力を有することが前提となること等を踏まえると、子が成年（18 歳）に達してから 3 年間を熟慮のための期間として確保することが相当であると考えられることにあります。

　なお、このような特則は、子の嫡出否認権に係る嫡出否認の訴えの出訴期間の特則と実質的な趣旨を同じくするものです（Q43 参照）。

　（注）　子による認知無効の訴えの出訴期間の特則の趣旨が、子が自らの判断によって認知無効の訴えを提起することができることとする点にあることに鑑みて、改正法では、子による認知無効の訴えの出訴期間の特則は、子の法定代理人が認知無効の訴えを提起する場合（第 786 条第 1 項第 1 号）には適用されないものとしています（同条第 3 項）。

**Q75**　子による認知無効の訴えの出訴期間の特則について、子がその子を認知した者と認知後に継続して同居した期間が 3 年を下回ることを要件としていますが、その趣旨は何ですか（第786 条第 2 項本文関係）。

**A**　子による認知無効の訴えについて出訴期間の特則を設ける趣旨（Q74 参照）に照らせば、子が自らの判断によって認知無効の訴えを提起することができるのは、子と父との間に社会的な実態としての親子関係が存在しない場合に限ることとするのが相当と考えられます[注]。他方で、法律上の父子関係の覆滅という重大な効果を生じる認知無効の訴えの提起の可否について、当事者の予測可能性を担保するとともに、裁判所による安定的な判断がされることを確保するためには、一定の客観的で明確な要件を設定することが不可欠といえます。

以上のような観点から、具体的要件の設定に当たっては、社会的な実態としての親子関係を基礎付けるとともに、その徴表ともなる外形的事実である、子とその子を認知した者の同居期間を基準とすることとし、子による認知無効の訴えの出訴期間の特則は、子がその子を認知した者と継続して同居した期間（当該期間が 2 以上あるときは、そのうち最も長い期間）が 3 年を下回るときに限り適用されるものとしています（第786 条第 2 項本文）。

なお、認知無効の訴えの可否は、社会的な実態を伴った父子関係を覆すことが認められるかという問題であるところ、認知がされる前に同居の事実があったとしても、それは父と子としての同居とは評価されないことから、特則による認知無効の訴えの積極的要件としての継続的な同居の期間の判断に当たっては、認知後における同居のみが考慮の対象となるものとするのが相当です。そこで、その旨を法文上も明らかにしています。

（注）　子の出生から子が自ら認知無効の訴えを提起するまでの期間中、子を認知した者が子の養育をしていた場合には、子による認知無効の訴えの提起により、子を認知した者は強い喪失感を抱くなど精神的にも著しい不利益を受けることが想定されるほか、扶養や相続など子を認知した者自身の身分関係にも大きな影響が生じることが想定されます。また、将来、子から認知無効の訴えが提起されるおそれがあるとすると、子との間に生物学

上の父子関係がないことが明らかになった後、子を認知した者が子の養育をする意思を失うなど、かえって子の利益が害される事態が生じる懸念もあります。このような観点からみても、子による認知無効の訴えの提起は、生物学上の父子関係がないことに加えて、社会的な実態としても親子といえる関係がない場合に限り可能であるものとすることが相当であると考えられます。

**Q76** 子による認知無効の訴えの出訴期間の特則について、「子による認知の無効の主張が認知をした者による養育の状況に照らして認知をした者の利益を著しく害するとき」には適用されないこととしていますが、その趣旨は何ですか。また、これに当たるのは、具体的にはどのような場合ですか（第786条第2項ただし書関係）。

**A**

### 1 改正法の趣旨

　子による認知無効の訴えの出訴期間の特則により、子自らの判断によって認知無効の訴えを提起することができるのは、子とその子を認知した者との間に社会的な実態としての親子関係が存在しない場合に限ることとするのが相当であることから、特則の適用については、子がその子を認知した者と継続して同居した期間が3年を下回ることが要件とされています（Q75参照）。

　もっとも、子がその子を認知した者と継続して同居した期間が3年を下回るときであっても、認知をした者による養育の状況に照らして、社会的な実態としての親子関係が存在するといえる場合については、子による認知無効の主張を認めることは相当でないと考えられます。

　このような観点から、改正法は、子の認知無効の主張が認知をした者による養育の状況に照らして認知した者の利益を著しく害するときは、当該認知無効の主張は認められないものとしています（第786条第2項ただし書）。

　なお、ここでいう「養育の状況」は、認知をした者による子の父としての養育の状況をいうものであることから、この要件の判断に当たっては、基本的には、認知後における養育の状況のみが考慮の対象となるものと考えられます。

### 2 判断の在り方・具体例

　いかなる場合が「子による認知の無効の主張が認知をした者による養育の状況に照らして認知をした者の利益を著しく害するとき」との要件に該当するかについては、個別具体的な事案に応じて判断されるべきものですが、この要件が設けられた趣旨に照らすと、例えば、継続して同居した期間が3年

を下回る場合であっても、認知をした者が3年以上の期間継続的に養育費の支払をしていたときや、3年に満たない期間を断続的に同居し、その合計期間が3年を上回るときなど、3年以上の継続した同居と同程度に社会的な親子関係が形成されているような場合が、上記要件に該当するものと考えられます。

**Q77**　認知無効の訴えについて、原告又は原告となり得る者が死亡した場合の規律は、どのようなものですか（改正後の人事訴訟法第43条関係）。

**A**　1　子が死亡した場合について

改正前の民法及び人事訴訟法の下では、子が死亡した場合であっても、認知無効の訴えにおける原告又は原告となり得る者としての子の地位が他の者に承継されることはなく、係属中の訴訟については当然に終了するとともに、子の相続人等は、利害関係人としての固有の当事者適格に基づき、認知無効の訴えを提起することができるものとされていました。

この点、改正法では、認知無効の訴えの提訴権者を限定することとしており、提訴権者以外の者が固有の当事者適格に基づき認知無効の訴えを提起することはできないこととなります。しかし、提訴権者である子が死亡した場合において、その直系卑属（注1）は、相続や親族関係の形成等に関し、子の認知の効力について重大な利害関係を有するものといえることから、子の死亡によってその直系卑属が子の認知の効力を争うことができなくなるものとすることは相当ではないと考えられます。

そこで、改正法では、子が死亡した場合に、その直系卑属は、一定の期間に限り、認知無効の訴えにおける原告又は原告となり得る者としての子の地位を承継することができるものとしています。具体的には、子の直系卑属又はその法定代理人は、子が認知無効の訴えの原則的な出訴期間（子が認知を知った時から7年間）内に認知無効の訴えを提起しないで死亡したときは、子の死亡の日から1年以内に限り、認知無効の訴えを提起できるものとしており（改正後の人事訴訟法第43条第2項）、子が同出訴期間内に認知無効の訴えを提起した後に死亡した場合には、子の死亡の日から6か月以内に訴訟手続を受け継ぐことができるものとしています（同条第3項）（注2）。

2　認知をした者が死亡した場合について

認知無効の訴えの提訴権者である認知をした者が死亡した場合において、認知された子のために相続権を害される者等が認知に関して有する利害関係は、嫡出推定規定により子の父と推定される者が死亡した場合において、子

のために相続権を害される者等が嫡出推定に関して有する利害関係と異なるものではないと考えることができます。

　そこで、改正法では、子を認知した者が死亡した場合におけるその地位の承継について、嫡出推定規定により子の父と推定される者が死亡した場合におけるその地位の承継について定める規定（改正後の人事訴訟法第41条第1項・第2項）を準用することとしています。具体的には、認知された子のために相続権を害される者その他認知をした者の三親等内の血族は、認知をした者が認知無効の訴えの原則的な出訴期間（認知の時から7年間）内に認知無効の訴えを提起しないで死亡したときは、認知をした者の死亡の日から1年以内に限り、認知無効の訴えを提起することができるものとしており（同法第43条第1項、第41条第1項）、認知をした者が同出訴期間内に認知無効の訴えを提起した後に死亡した場合には、認知をした者の死亡の日から6か月以内に訴訟手続を受け継ぐことができるものとしています（同法第43条第1項、第41条第2項）。

### 3　子の母が死亡した場合について

　改正法では、子の母は、父子関係の当事者ではないものの、子の父となる認知をした者が誰かについて重大な利害関係を有すること等に鑑みて、子の母に認知無効の主張をすることについて固有の適格を認めています（Q69参照）。

　子の母に固有の適格を認めることとした根拠がこのようなものであることに照らすと、子の母が死亡した場合については、父子関係の当事者である子及び認知をした者が死亡した場合とは異なり、相続等の観点からその地位の承継を認めるべき必要性があるとはいえないものと考えられることから、改正法では、子の母が死亡した場合に関する承継の規律は設けていません。

（注1）　認知の対象となる子は幼少の子に限られるものではないことから、認知された子に直系卑属が存在することは一般的に想定されるところといえます。
（注2）　子による認知無効の訴えの出訴期間の特則に基づく認知無効の訴えについては、死亡した子の地位をその直系卑属が承継することができるとの規律は設けられていません。これは、子による認知無効の訴えの出訴期間の特則の趣旨が、子が自らの判断に

よって認知無効の訴えを提起することができることとする点にあることに鑑みると、出訴期間の特則に基づく認知無効の訴えに係る子の地位については、その承継を認める必要性及び相当性がないと考えられることによります。

## Q78　認知無効の訴えについて、被告又は被告となり得る者が死亡した場合には、どのような規律となりますか。

**A**　改正法では、認知無効の訴えの提訴権者を、子又はその法定代理人、認知をした者、子の母に限定していますが、これらの者が改正前の民法及び人事訴訟法の下で認知無効の訴えを提起した場合における被告に関わる規律については、改正法の下でも見直す必要はないと考えられることから、改正法において特段の規律は設けていません。

　したがって、改正法の下における認知無効の訴えについて、被告又は被告となり得る者が死亡した場合には、従前と同じ人事訴訟法の規律が引き続き妥当することとなるところ、具体的には、①認知による父子関係の一方当事者である子又は認知をした者が他方当事者を被告として提起する認知無効の訴え（人事訴訟法第12条第1項）において、被告が死亡した場合には、検察官を被告として訴訟を追行することとなり（同条第3項）、②母が、認知による父子関係の双方当事者（子及び認知をした者）を被告として提起した認知無効の訴え（同条第2項）において、被告のうち一方が死亡したときは、他の一方を被告として訴訟を追行することとなり（同法第26条第1項）、③上記②において、被告がいずれも死亡したときは、検察官を被告として訴訟を追行することとなります（同条第2項）。

**Q79**　認知の無効についての調停の申立人が死亡した場合において、その後一定の期間内に認知無効の訴えが提起されたときには、調停の申立ての時に訴えの提起があったものとみなすこととしていますが、その趣旨は何ですか（改正後の家事事件手続法第283条の3関係）。

**A**　改正法では、子が死亡した場合には、その直系卑属は、一定の期間に限り、認知無効の訴えにおける原告又は原告となり得る者としての子の地位を承継することができるものとしており、また、認知をした者が死亡した場合には、認知された子のために相続権を害される者その他認知をした者の三親等内の血族は、一定の期間に限り、認知無効の訴えにおける原告又は原告となり得る者としての認知をした者の地位を承継することができるものとしています（Q77参照）。

　ところで、子又は認知をした者が認知無効についての調停の申立てをして、その認知無効に係る意思を明確に示していたにもかかわらず、子又は認知をした者の死亡時において認知無効の訴えの出訴期間が徒過しているとの理由によって、その地位を承継することができる者による認知無効の訴えの途を閉ざすことは、子又は認知をした者が認知無効の訴えを提起した後に死亡した場合との比較において、均衡を失するものといえます。

　そこで、改正法では、そのような不均衡を回避するとともに、調停手続による紛争の自主的かつ円満な解決を促進しようとする法の趣旨(注)を全うするとの観点から、子又は認知をした者が認知について反対の事実があることを理由とする認知の無効についての調停の申立てをした後に死亡した場合において、その地位を承継することができる者が上記死亡の日から1年以内に認知について反対の事実があることを理由とする認知無効の訴えを提起したときは、子又は認知をした者による調停の申立ての時に、その訴えの提起があったものとみなすこととしています（改正後の家事事件手続法第283条の3）。

　なお、改正法による改正の前後を通じて、家事事件手続法には、嫡出否認に関し、嫡出否認についての調停を申し立てた父が死亡した場合において、その地位を承継することができる者が上記死亡の日から1年以内に嫡出否認の訴えを提起したときは、父がした嫡出否認調停の申立ての時に、その訴え

の提起があったものとみなす旨の規律があるところ（家事事件手続法第283
条）、この規律と、認知の無効についての調停の申立人が死亡した場合に関
する上記規律とは、実質的な趣旨を同じくするものです。

　（注）　いわゆる調停前置主義について定める家事事件手続法第257条第1項では、家事
調停を行うことができる事件について訴えを提起しようとする者は、まず家庭裁判所に家
事調停の申立てをしなければならないものとされています。

**Q80** 認知が無効とされた場合であっても、子は、父であった者が支出した子の監護に要した費用を償還する義務を負わないこととしていますが、その趣旨は何ですか（第786条第4項関係）。

**A** 父は、子に対して負う扶養義務に基づき、子の監護に要する費用を負担すべき立場にあるところ、認知が無効とされた場合には、父子関係は子の出生時に遡って否定されることとなるため、父が支出した子の監護に要した費用は、法律上の原因を欠くものとして、不当利得の返還請求の対象となり得ます。

　そして、認知により父子関係が形成される時点における子の年齢には幅があり、その認知が無効とされた時点においては、子が相当程度成熟していることも想定されるところ、例えば、父が子の大学進学のための費用を支出した後に認知が無効とされたというような場合には、不当利得の返還請求の対象となり得る金額も多額となることが想定されます。

　しかし、父が子の監護に要する費用を負担することは、経済的に自立していない者の生活を保障するという扶養の性質を有するものであること、また、子が監護費用の償還の負担の懸念から認知無効の訴えを提起することをためらうといった事態は望ましくないこと等を考慮すると、子の利益を保護するとの政策的観点から、認知が無効とされた場合であっても、子の監護のために負担した費用の子に対する償還を制限することとするのが相当であると考えられます。

　そこで、第786条第4項では、認知が無効とされた場合であっても、子は、認知をした者が支出した子の監護に要した費用を償還する義務を負わないこととしています。

　なお、この規定は、嫡出推定が否認された場合における子の監護に要した費用の償還の制限について定める第778条の3の規定と趣旨を同じくするものであり、「子の監護に要した費用」の具体的意義等に関する考え方については、第778条の3の規定に関する議論がそのまま当てはまります（Q60、Q61参照）。

## Q81　認知が事実に反すること以外の理由に基づく認知無効又は認知取消しの訴えの規律については、何らかの見直しをしているのですか。

**A**　1　不実認知以外の理由で認知の効力が否定される場合について

認知が事実に反する場合には、その認知は無効とされますが、それ以外にも、認知の効力が否定され得る場合としては、①認知者が認知能力を欠く場合、②認知者が認知意思なく認知をした場合、又は、認知者が他人の詐欺又は強迫により認知をした場合、③届出がないにもかかわらず、過誤により戸籍上認知の記載がされた場合、④死亡した子について、直系卑属がないにもかかわらず、認知の届出が受理された場合、又は、死亡した子に直系卑属があるものとしてその子を認知した後に、その子と直系卑属とされた者の間の身分関係の不存在が確定した場合、⑤他人の子（嫡出推定が及ぶ子や既に認知されている子）を認知する届出が誤って受理された場合、⑥遺言認知において遺言が方式違反となった場合等があり、これらの場合において認知の効力を否定する方法としては、認知の無効又は認知の取消しの訴えを提起することが考えられます。

2　不実認知以外の理由に基づく認知無効又は認知取消しの訴えの規律について

改正前の第786条は、認知が事実に反する場合において、子その他の利害関係人がその事実を主張することができる旨定める規定であり、改正法では、この規律による認知無効について形成無効説に基づく整理をすることとして、提訴権者を限定し、出訴期間を制限するとの内容の見直しを行いました（Q68～Q70、Q72参照）。

他方で、認知が事実に反すること以外の理由に基づいて認知の効力を否定することについては、改正前の第786条に相当する規定は元々存在せず、法律行為に関する一般的規定に従って規律されていたものと解されます。

そして、改正法においても、認知が事実に反すること以外の理由に基づく認知無効又は認知取消しの訴えについて、主張権者や出訴期間等に関して特段の規律を設けることはしておらず、それらの訴えについては、改正前の民

法の下での規律から変更はありません。

　なお、第785条は「認知をした父又は母は、その認知を取り消すことができない。」と規定していますが、この規定についても特段の見直しはしておらず、その適用の在り方についても、引き続き解釈に委ねられることとなります。

| Q82 | 事実に反することを理由とする認知無効の訴えについて、請求を棄却する判決が確定した場合であっても、当該訴訟の当事者以外の者が、認知が事実に反すること以外の理由に基づく認知無効又は認知取消しの訴えを提起することはできますか。また、各訴訟の先後関係が逆の場合については、どうですか。 |
|---|---|

**A**　**1　事実に反する認知の無効の訴えにおける請求棄却判決の効力について**

　事実に反する認知の無効の訴えにおいて、請求棄却の判決が確定した場合には、当該訴えを提起した者に係る事実に反する認知の無効請求権という形成権の不存在が、既判力をもって確定されることになるものと考えられます。

　そして、この場合には、判決確定後の人事に関する訴えの提起の禁止について定める人事訴訟法第25条の規定により、当該訴訟の当事者は、当該訴訟において請求又は請求の原因を変更すること等により主張することができた事実に基づいて同一の身分関係についての人事訴訟を提起することができないこととなります。

　もっとも、これらの規律は、当該訴訟の当事者以外の者に当然に及ぶものではありませんから、当該訴訟の当事者以外の者が、認知が事実に反すること以外の理由（例えば、認知意思や認知能力の不存在等）に基づいて認知無効又は認知取消しの訴えを提起することは、妨げられるものではないと考えられます。

**2　各訴訟の先後関係が逆の場合について**

　認知が事実に反すること以外の理由に基づく認知無効又は認知取消しの訴えが先行し、当該訴えについて請求棄却の判決が確定した場合において、その後に提起される訴訟との関係でいかなる効力を生じるかについては、一概に論じることが困難であり、事案に応じた解釈に委ねられることとなるものと考えられます。

　例えば、先行する訴訟に係る認知無効の実体法上の性質を当然無効と捉え、当該訴えは認知の効力についての確認訴訟であると解した場合には、請

求棄却の判決の確定によって、当該認知の有効性が既判力をもって確定されることとなり、その効力は第三者に対しても及ぶこととなるものと考えられます（人事訴訟法第24条第1項）。この場合において、さらに、当該訴訟の当事者ではなかった者であって<sup>(注)</sup>、第786条に基づく認知無効の訴えの提訴権を有するものが、不実の認知の無効の訴えを提起することができるかは、認知無効請求権という形成権を実体法上いかなるものとして捉えるかや、形成無効における形成要件が充足された時点と前訴判決の基準時との先後関係等の事情を踏まえた、解釈に委ねられるものと考えられます。

　（注）　当該訴訟の当事者であった者について、判決確定後の人事に関する訴えの提起の禁止について定める人事訴訟法第25条の規律が及ぶことは、本文の1の場合と同様です。

# 第3 国籍法の見直し

**Q83** 認知について反対の事実があるときは、認知された子の国籍取得に関する国籍法第3条第1項・第2項の規定は適用しないこととしていますが、その趣旨は何ですか（改正後の国籍法第3条第3項関係）。

**A** 認知された子の国籍の取得に係る届出（国籍法第3条第1項・第2項）については、虚偽の認知による国籍取得を防止する観点から、当該認知が真正なものであることを審査した上で、その受理の可否が判断されています<sup>(注)</sup>。

ところで、改正法の下では、出訴期間の制限を含む認知無効の訴えの規律の見直しにより、事実に反する認知であっても、所定の出訴期間内に認知の無効が主張されない場合には、民事上は当該認知の効力を争うことができなくなります。そうすると、仮に、当該認知を基礎とする国籍取得が認められるとの解釈が成り立ち得るものとすると、虚偽の認知による国籍取得は認めないことを前提として定められた規律である国籍法の国籍取得の規定は、極めて容易に潜脱され得ることとなってしまいます。

そこで、改正後の国籍法第3条第3項では、認知無効の訴えに関する民法の規律の見直しによっても虚偽の認知による国籍取得が認められることとなるものではないことを明確にし、この点に関して疑義が生じることがないようにするため、虚偽の認知による国籍取得は認められないとの従前からの解釈運用を明文で定めることとしています。

（注） 認知された子の国籍の取得に係る規律を導入する内容の平成20年の国籍法の一部を改正する法律案の国会審議の過程においては、虚偽認知による国籍取得に対する強い懸念が示され、その防止のために万全の措置を講ずること等が求められたとの経緯があり、衆参両院の各法務委員会においても、「我が国の国籍を取得することを目的とする虚偽の認知が行われることがあってはならないことを踏まえ、国籍取得の届出に疑義がある場合に調査を行うに当たっては、その認知が真正なものであることを十分に確認するため、認知した父親に対する聞取調査をできる限り実施すること、当該父親と認知された子

が一緒に写った写真の提出をできる限り求めること、出入国記録の調査を的確に行うこと等につき、調査の方法を通達で定めること等により、調査のための万全な措置を講ずるよう努めること」との趣旨の附帯決議（引用部分は参議院法務委員会の附帯決議の一部）がされています。

**Q84** 認知された子の国籍取得の審査において、認知が事実に反することが明らかになった場合には、どのような取扱いがされますか。

**A** 認知された子の国籍取得の審査において、認知が事実に反することが明らかになった場合には、認知は無効であるものとして、国籍の届出は受理されないこととなります。

また、事実に反する認知がされ一定期間が経過した後に国籍取得の届出がされ、これが受理されて子が日本国民として戸籍に記載された場合において、その後、刑事事件等をきっかけに当該認知が事実に反することが明らかとなったときには、国籍取得との関係では当該認知は無効であり、当初から国籍取得はされなかったこととなるので、管轄法務局長等の許可を得て市町村長はその子の戸籍を消除することとなります。もっとも、この場合においても、認知無効の訴えの出訴期間を経過したときには、認知に基づく民法上の親子関係が有効なものとして扱われることを踏まえ、刑事訴訟法第498条の2第2項の通知がされた場合を除き、基本的には、認知した者の戸籍の身分事項欄における認知の記載については、職権で消除する訂正の必要はないものと解されます。

## Q85 無国籍者の発生防止等の観点から、今後どのような取組を行うことが予定されていますか。

**A** 改正法における国籍法の規律の見直しの実質は、従前からの規律をそのまま維持するものですが（Q83参照）、改正法案の国会審議においては、届出により国籍を取得した子について、その前提となる認知が事実に反するものであったために国籍取得が当初から無効であった場合には、当該子の地位が不安定となり得るとの観点からの懸念が示されました。

このような懸念の解消に向けて、政府においては、子の法的地位を速やかに安定させるよう、適切な取組を行っています。

この点、法務省においては、無国籍状態をより円滑に解消するため、各地の法務局が中心となって、改正後の国籍法第3条第3項により無国籍状態になるおそれのある者の情報を収集し、その者に対し、帰化の手続、在留資格に関する手続、外国籍の確認等の手続につき、相談先を案内するほか、入管当局と連携をし、その情報を共有するなど関係機関の連携を強化するなどの取組をしています。

# 第**5**章 懲戒権に関する規定等の見直し

## 第1　総論

**Q86** 懲戒権に関する規定の見直しの概要は、どのようなものですか。

**A**　**1　民法の見直し**
　改正法では、親権者の親権行使の目的や範囲等を明確にし、児童虐待等の防止に資するため、民法から親権者の懲戒権に関する規定（改正前の第822条）を削除した上で、親権者が子を監護及び教育するに当たっての行為規範として、

- ・　子の人格の尊重
- ・　子の年齢及び発達の程度への配慮
- ・　体罰その他の子の心身の健全な発達に有害な影響を及ぼす言動の禁止

を規定することとしました（第821条）。

**2　関連する法律の見直し**
　親子関係の基本法である民法を上記1のとおり見直すことに伴い、改正後の児童福祉法第33条の2第2項、第47条第3項、改正後の児童虐待防止法第14条第1項においても、同様の規律を規定することとしています。

**Q87**　諸外国等では、親権者の子に対する懲戒権について、どのように定められていますか。

**A**　ドイツ、フランス、オーストリア及びスイスでは、かつて、子に対する懲戒権に関する規定が設けられていましたが、現在では、いずれの国の法律からも、懲戒権に関する規定は削除されています。

　このうち、ドイツにおいては、2000年の法改正により、民法に「子は暴力によらずに教育される権利を有する。体罰、精神的侵害及びその他の屈辱的な措置は許されない。」との規定が設けられました。

　また、フランスにおいては、2019年の法改正により、民法典に「親権は身体的暴力又は精神的暴力を用いずに行使される。」との規定が設けられました。

# 第2　各論

> **Q88**　懲戒権に関する規定を削除するとともに、親権者の監護及び教育について行為規範を示していますが、その趣旨は何ですか。

**A**　平成23年の民法改正（児童虐待防止に向けた親権制度の見直し）では、親権者の監護教育権は「子の利益のために」行使されるべきものであり、子の監護及び教育に必要な範囲を超える行為は懲戒権の行使に当たらないことが明確にされました。しかし、その後も痛ましい児童虐待事件は後を絶たず、依然として、懲戒権に関する規定（改正前の第822条）に対しては、児童虐待等を正当化する口実に利用されているとの指摘や、「懲戒」という文言の意義が一義的に明らかではなく、体罰等も許容されるといった誤解を与えかねないとの指摘がされていました。

このように児童虐待等についての口実や誤解を与えてきたとの指摘がある懲戒権に関する規定については、それを削除すること自体が、児童虐待等の防止に向けた明確なメッセージを国民に向けて発するという意義を有することとなり、将来における児童虐待等の防止に資するものと考えられることから、改正法では、懲戒権に関する規定を削除することとしました。

また、親権者の監護教育権が「子の利益のために」行使されるべきものであるとの規律をより明確化・具体化することにより、児童虐待等の防止を図るという観点から、第821条において、親権者の監護及び教育における行為規範を示すこととしました。

このように、第821条が規定する規律は、監護教育権に関する改正前の民法の規定の実質に追加・変更を加えるものではなく、従前の法令の解釈から導かれる内容をより明確化・具体化した上で、確認的に規定するものです。

**Q89**　居所の指定について規定する改正前の第821条を第822条とし、新たに第821条に親権者の監護教育権における行為規範を規定することとしていますが、各規定の位置関係をこのようなものとした趣旨は何ですか。

**A**　第821条の内容は、親権者の監護教育権（第820条）の行使一般についての行為規範を規定するものであり、改正前の第821条が規定する居所の指定や、第823条が規定する職業の許可といった、監護教育権の各論的な規律との関係では、その前提となる総則的規律と位置付けられるものです。

　そこで、第821条が定める内容が監護教育権の行使一般において遵守されるべき総則的規律であることを明確にするという観点から、懲戒権に関する規定（改正前の第822条）の削除により空白となる位置に、居所の指定について定める改正前の第821条を移動させた上で、監護教育権の根拠規定である第820条のすぐ後ろの位置であり、かつ、監護教育権の各論的な規律の前の位置に、新たな第821条を規定することとしたものです。

**Q90** 懲戒権に関する規定を削除すると、しつけと称する虐待だけではなく、真に正当なしつけまでできなくなるおそれはありませんか。

**A**  **1　従前の議論等**

　平成23年の民法改正の際には、懲戒権に関する規定（改正前の第822条）を削除するのではなく、懲戒の範囲を文言上も明確化するとの見直しがされました。これは、懲戒権に関する規定を削除してしまうと、親権の行使として許容される範囲内で行う適切なしつけまでできなくなるのではないかといった誤った受け止め方がされるおそれがあるのではないかなど、その社会的な影響について懸念を示す意見があったことによります。

**2　正当なしつけの根拠（第820条）**

　しかし、そもそも、改正前の第822条の懲戒権に関する規定は、第820条の監護教育権の一環として行われるしつけのうち、子に問題行動があった場面について、特に規定を置いたものであると理解されます。そうすると、懲戒権に関する規定を削除しても、親権者は、その大本の規定である第820条に定めのある子の利益のためにする監護及び教育として、同条に基づき、子に対して適切なしつけをすることができることに変わりはありません。

　そこで、改正法では、以上のような整理を前提として、児童虐待等の防止に資するとの観点から、懲戒権に関する規定を削除することとしたものです。

**3　誤解を生じないための措置等**

　法的な整理は以上のとおりですが、懲戒権に関する規定を削除する趣旨が国民に十分に理解されない場合には、適切なしつけまでできなくなるのではないかといった誤解を生じるおそれがあることも直ちには否定できません。このような観点からは、国民の間にそのような誤解が生じることのないよう、改正法の趣旨等について、適切かつ十分な周知・広報が行われることが重要であると考えられます。

## Q91 体罰を明示的に禁止していますが、その趣旨は何ですか（第821条関係）。

**A**　令和元年の児童虐待防止法の改正では、親権者による体罰を明確に禁止する規律が設けられたところ（児童虐待防止法第14条第1項）、これによって禁止される体罰に当たる行為は、当然に、改正前の第822条にいう子の「監護及び教育に必要な範囲内」にも含まれるものではないと理解されていました。

　そこで、改正法では、以上のような体罰の法的な位置付けをより一層明らかにし、児童虐待等の防止を図るという観点から、第821条において、親権の行使として許容されない子の心身の健全な発達に有害な影響を及ぼす言動の典型的な類型の一つとして、体罰を例示的に規定する形で、これを明示的に禁止することとしたものです。

## Q92 体罰に当たるのは、具体的にはどのような行為ですか（第821条関係）。

**A** 第821条に規定する「体罰」とは、子の問題行動に対する制裁として、子に肉体的な苦痛を与えることを意味するものと解されます。そして、ある行為が子に肉体的苦痛を与えるものに当たるか否かについては、最終的には、具体的な事案を前提とした裁判所における個別的な判断に委ねられ、当該行為の態様のほか、子の年齢、健康、心身の発達状況、当該行為が行われた場所的・時間的環境等を考慮して判断されることになるものと考えられます。

その上で、一般論としては、問題行動を起こした子に対する制裁として、身体を殴る・蹴る、突き飛ばして転倒させる、長時間にわたって正座をさせるといった行為については、体罰に当たるものと考えられます。

他方、子が問題行動を起こし、又は起こそうとした場合において、その身体を押さえて制止するといった行為は、子に対する有形力の行使ではあるものの、子に対する制裁を目的としたものではなく、不当に子を肉体的又は精神的に傷付けるものでもないと判断される限りにおいて、体罰には当たらず、親権者による監護教育権の行使として許容されるものと考えられます。

## Q93 親権者の行為が体罰に当たる場合には、民法上どのような効果が生じますか。

**A**　親権者の子に対する行為が体罰に当たるか否かについては、最終的には、具体的な事案を前提とした裁判所における個別的な判断に委ねられることになりますが、体罰に当たる行為であると判断された場合には、第820条が規定する監護教育権の行使として許容されることのない、監護教育権の範囲外の行為と評価されることになります。

　この点、第821条の趣旨は、親権者の監護教育権の行使における行為規範を明確に示す点にあり、その行為規範に反する行為について、直ちに具体的な法的効果を生じさせるものではありません。

　もっとも、体罰をはじめとする監護教育権の範囲外と評価される行為については、民法上の諸制度との関係では、親権喪失の審判（第834条）や親権停止の審判（第834条の2）において、その要件を判断する際の考慮要素となり得るほか、当該行為について第709条の要件該当性があると判断される場合には、親権者が子に対して不法行為に基づく損害賠償責任を負うこともあり得ると考えられます。

## Q94　親権者の行為が体罰に当たる場合には、刑事法上の責任はどうなりますか。

**A**　親権者の子に対する行為が体罰に当たるか否かについては、最終的には、具体的な事案を前提とした裁判所における個別的な判断に委ねられることになります。そして、体罰に当たる行為であると判断されるか否かにかかわらず、犯罪の成否は、捜査機関により収集された証拠に基づいて個別に判断されるべき事柄であることから、行為者である親権者の刑事法上の責任について、一概に述べることはできません。

　もっとも、従前から、体罰は、児童虐待防止法において明確に禁止されており（児童虐待防止法第14条第1項）、第820条が規定する監護教育権の行使としても許容されないと解されていたものであって、改正法の下でもそのような体罰の法的位置付けには何ら変わりがないこと（Q91参照）からすれば、一般論として、体罰に当たると判断される行為については、同条の監護教育権の行使に当たるとの理由によってその違法性が阻却されることはないものと考えられます。

## Q95

「子の心身の健全な発達に有害な影響を及ぼす言動」を禁止していますが、その趣旨は何ですか。また、これに当たるのは、具体的にはどのような言動ですか。

## A

### 1　禁止の趣旨

　第820条が規定する親権者の監護教育権は、子の利益のために行使されるべきものです。このことを前提として、第821条において「子の心身の健全な発達に有害な影響を及ぼす言動」を禁止した趣旨は、体罰や暴言等の子に不当に肉体的又は精神的な苦痛を与える行為が、子の成長や発達に悪影響を与え得るものであることを踏まえ、親権者の監護教育権の行使の場面において、そのような行為を防止し、もって、子の心身の健全な発達という子自身にとって極めて重要な利益の実現を図ろうとする点にあります。

### 2　判断の在り方・具体例

　第821条に規定する「子の心身の健全な発達に有害な影響を及ぼす言動」とは、子に不当に肉体的又は精神的な苦痛を与え、その健やかな身体又は精神の発達に悪影響を与え得る行為を意味するものです。そして、ある言動がこれに当たるか否かについては、最終的には、具体的な事案を前提とした裁判所における個別的な判断に委ねられ、当該行為の態様のほか、子の年齢、健康、心身の発達状況、当該行為が行われた場所的・時間的環境等を考慮して判断されることになるものと考えられます。

　その上で、一般論としては、子を長時間にわたって罵倒する、子の自尊心を傷付ける言動を繰り返す、他のきょうだいと著しく差別的な扱いをするといった行為については、「子の心身の健全な発達に有害な影響を及ぼす言動」に当たるものと考えられます。

| Q96 | 親権者が、一時的には子に肉体的又は精神的な苦痛を与えるとしても、子の心身の健全な発達のためには必要だと考えて行った行為は、「子の心身の健全な発達に有害な影響を及ぼす言動」に当たりますか。 |

**A**　ある行為が「子の心身の健全な発達に有害な影響を及ぼす言動」（第821条）に当たるか否かについては、最終的には、具体的な事案を前提とした裁判所における個別的な判断に委ねられます。そして、その判断においては、当該行為の態様のほか、子の年齢、健康、心身の発達状況、当該行為が行われた場所的・時間的環境等が考慮されるものと考えられるのであって、行為者の主観は判断の基準とされるものではありません。

　したがって、たとえ親権者が子の心身の健全な発達に有害な影響を及ぼさない行為であるとか、むしろ有益な行為であるなどの認識を有していたとしても[注]、客観的に監護教育権の行使として相当ではないと認められる行為については、「子の心身の健全な発達に有害な影響を及ぼす言動」に当たるものと考えられます。

　また、子は常に現在進行形で発達の過程にある存在であるとの観点からすれば、子の心身の健全な発達に有害な影響を及ぼす言動に当たるか否かは、行為時を基準時として判断されるべきものといえ、現に子に対して有害な影響を及ぼすと判断される言動が、「将来的にはより健全な心身の発達につながるはずである」といった理由によって許容されることはないものと考えられます。

　（注）　親権者が自らの宗教的信念に基づいて監護教育権の行使をするような場合についても、親権者の内心が判断の基準とされるものではないという点で、本文記載の例と同様に考えることができます。

**Q97**　親権者に「子の人格を尊重するとともに、その年齢及び発達の程度に配慮しなければなら」ないとの義務を課すこととしていますが、その趣旨は何ですか。

**A**　親権者による虐待の要因としては、親が自らの価値観を不当に子に押し付けることや、子の年齢や発達の程度に見合わない過剰な要求をすること等があるとの指摘がされています。

　改正法では、このような指摘を踏まえ、親子関係において、独立した人格としての子の位置付けを明確にするとともに、子の特性に応じた親権者による監護及び教育の実現を図る観点から、親権者の監護教育権の行使における行為規範として、子の人格を尊重する義務並びに子の年齢及び発達の程度に配慮する義務を規定することとしたものです。

**Q98** 第 820 条で規定する「子の利益のために」という文言と、第821 条で規定する「子の人格を尊重するとともに、その年齢及び発達の程度に配慮しなければなら」ないという文言は、いずれも親権行使を制限する働きをするものであると思われますが、これらはどのような関係にありますか。

**A** 　第 820 条の「子の利益のために」という文言は、親権が親の子に対する支配権であるかのような誤解が一部にあり、児童虐待等を正当化する結果となっているとの指摘があったことから、監護及び教育が子の利益のために行われるべきことを明らかにするために、平成 23 年の民法改正の際に挿入されたものです。

　しかし、平成 23 年の民法改正後も痛ましい児童虐待事件は後を絶たず、依然として、親が自らの価値観を不当に子に押し付けたり、子の年齢や発達の程度に見合わない過剰な要求をしたりすること等が、そのような虐待の要因となっているとの指摘がありました。

　そこで、このような指摘を踏まえ、改正法では、親権者による監護及び教育が「子の利益のために」行われるべきとの規律をより明確に表現する観点から、この規律を監護及び教育における親権者の行為規範として更に具体化するものとして、第 821 条に「子の人格を尊重するとともに、その年齢及び発達の程度に配慮しなければなら」ないとの規律を設けることとしたものです。

# 第6章　生殖補助医療法の見直し

**Q99**　夫の同意を得て行われた第三者の提供精子を用いた生殖補助医療により生まれた子について、夫だけではなく、子及び妻の嫡出否認権の行使をも制限することとしていますが、その趣旨は何ですか（改正後の生殖補助医療法第 10 条関係）。

**A**

## 1　改正前の生殖補助医療法第 10 条の趣旨

改正前の生殖補助医療法第 10 条では、妻が、夫の同意を得て、夫以外の男性の精子を用いた生殖補助医療により懐胎した子については、夫は、その子が嫡出であることを否認することができないものと定められています。

この規定の趣旨は、夫婦が、子を夫婦の子として育てるという意思の下、第三者の提供精子を用いた生殖補助医療により、夫と子との間に生物学上の父子関係がない子をもうけたにもかかわらず、子の出生後において、生物学上の父子関係がないことを理由として法律上の父子関係を否定することを認めると、子の利益を大きく損ない、夫婦の間で合意して行われた生殖補助医療の意義を失わせることになると考えられることを踏まえ、上記のような生殖補助医療により生まれた子については、その子が嫡出であることを誰からも否定されるべきでないものとして、改正前の民法において嫡出否認権者とされていた夫について、その嫡出否認権を制限し、もって子の身分関係の安定を図るという点にあります。

## 2　改正法の趣旨

上記 1 のような改正前の生殖補助医療法第 10 条の趣旨は、改正法により新たに嫡出否認権が認められることとなった子及び母による嫡出否認権の行使との関係でも妥当します。

そこで、改正法では、夫のみならず、子及び妻についても、その嫡出否認権を制限することとしているものです（改正後の生殖補助医療法第 10 条）。

**Q100** 夫の同意を得て行われた第三者の提供精子を用いた生殖補助医療により生まれた子について、前夫の嫡出否認権の行使は制限されていませんが、その理由は何ですか（改正後の生殖補助医療法第 10 条関係）。

**A** 　改正法では、再婚後の夫の子と推定される子について、前夫に嫡出否認権を認めていますが（第 774 条第 4 項）、夫の同意を得て行われた第三者の提供精子を用いた生殖補助医療により生まれた子について、前夫の嫡出否認権の行使を制限することはしていません。その理由は、次のとおりです。

　第一に、再婚後の夫が第三者提供精子を用いた生殖補助医療に同意し、当該生殖補助医療によって子が出生した場合には、再婚前に母と婚姻していた夫は、第 774 条第 4 項本文にいう「子の懐胎の時から出生の時までの間に母と婚姻していた者」には当たらないため、嫡出否認権が認められる「前夫」には該当しません。したがって、上記のようにして出生した子について、嫡出否認権を有する者としての「前夫」は存在しないことから、その嫡出否認権を制限する規定を設ける必要もないということになります。

　第二に、再婚前の夫が第三者提供精子を用いた生殖補助医療に同意し、再婚後、当該生殖補助医療によって子が出生した場合には、再婚前の夫は、第 774 条第 4 項にいう「前夫」に該当することとなります。もっとも、このような場合には、再婚後の夫婦は、第三者提供精子を用いた生殖補助医療により生まれた子を夫婦の子として育てることについて合意したわけではありませんから、再婚後の夫の子であるとの推定との関係では、生殖補助医療法第 10 条の趣旨が妥当しません。そして、前夫は、子との間に生物学上の父子関係は有していないものの、再婚後の夫の子であるとの推定を否認すれば、子は自らの子と推定されることとなり（第 772 条第 3 項・第 4 項）、かつ、その推定を否認することはできないこととなること（第 774 条第 5 項）を踏まえると、前夫の嫡出否認権は、その行使が子の利益を害することが明らかなとき（同条第 4 項ただし書）に当たらない限り<sup>(注)</sup>、これを制限する理由がないものと考えられます。

　以上の理由から、夫の同意を得て行われた第三者の提供精子を用いた生殖

補助医療により生まれた子について、前夫の嫡出否認権の行使を制限することとはしていないものです。

　（注）　いかなる場合が「子の利益を害することが明らかなとき」との要件に該当するかについては、個別具体的な事案に応じて判断されるものですが、一般に、前夫が子の父として自ら子を養育する意思がないにもかかわらず、嫌がらせ等の目的で嫡出否認権を行使するような場合は、上記要件に該当するものと考えられます（Q33参照）。そして、再婚後の夫の子と推定される子が第三者の提供精子を用いた生殖補助医療によって懐胎されたものである場合における、前夫が子の父として自ら子を養育する意思があるか否かの判断に当たっては、当該生殖補助医療について前夫が同意を与えていたという事実があることが、重要な事情となるものと考えられます。

# 第7章　施行日・経過措置

## Q101　改正法の施行日・経過措置の概要はどのようなものですか。

**A**

### 1　施行日

改正法の規定は、次のとおり、段階的に施行されます。

まず、第一段階として、改正法の規定のうち民法の懲戒権に関する規定の見直しに係る部分並びに児童福祉法及び児童虐待防止法の規定の見直しに係る部分については、公布の日から直ちに施行するものとしており（附則第1条ただし書）、令和4年12月16日から、既に施行されています。このように、公布の日に施行することとしたのは、懲戒権に関する規定の見直しが、監護教育権に関する改正前の民法の規定の実質の変更を伴うものではないことを踏まえたものです。

次に、第二段階として、改正法の規定のうちその余の部分については、改正法の公布の日から起算して1年6か月を超えない範囲内において政令で定める日から施行するものとしており（附則第1条本文）、この施行日は、令和6年4月1日と定められました（民法等の一部を改正する法律の施行期日を定める政令（令和5年政令第173号））。

### 2　経過措置

#### (1)　再婚禁止期間に関する改正の経過措置

再婚禁止期間に関する改正規定（第733条、第744条第2項、第746条）は、嫡出推定規定の見直しにより、前婚と後婚に嫡出推定の重複が生じることがなくなることを根拠とするものですが、施行日（令和6年4月1日）より前に再婚禁止期間に関する規定に違反してされた婚姻については、それが公序良俗に反するものであることに照らし、施行日後も婚姻の取消しを認めることが相当であると考えられるため、改正前の民法を適用することとしています（附則第2条）。

　また、父を定めることを目的とする訴えについても、施行日前に再婚禁止期間に関する規定に違反して婚姻がされ、嫡出推定の重複が生じている子が存在することが想定されることを踏まえ、改正前の民法を適用することとしています（附則第2条）。

### (2)　嫡出推定に関する改正

　嫡出の推定について定める規定（第772条）は、施行日（令和6年4月1日）以後に生まれる子に適用され、施行日前に生まれた子に係る嫡出の推定については、改正前の第772条が適用されます（附則第3条）。

### (3)　嫡出の否認及び嫡出の承認に関する改正

　父による嫡出否認の訴えに関する改正法の規定は、施行日（令和6年4月1日）以後に生まれる子について適用され、施行日前に生まれた子については、改正前の民法が適用されます（附則第4条第1項）。

　子及び母による嫡出否認の訴えに関する改正法の規定は、基本的には施行日以後に生まれる子について適用されますが、施行日前に生まれた子についても、施行日から1年間（令和6年4月1日～令和7年3月31日）に限り、子及び母による嫡出否認の訴えを可能とする経過措置を定めています（附則第4条第2項。Q102参照）。

　前夫による嫡出否認の訴えに関する改正後の民法の規定は、施行日以後に生まれる子について適用されます（附則第4条第3項）。これは、施行日前に生まれた子については、新たな婚姻の夫を父と推定する規定の適用がないことによるものです。

### (4)　胎児認知と嫡出推定が重複する場合における認知の効力及び認知の無効に関する改正

　胎児認知と嫡出推定が重複する場合における認知の効力について定める規定（第783条第2項）は、施行日（令和6年4月1日）以後に生まれる子に適用されます（附則第5条第1項）。

　認知の無効に関して定める規定（第786条）は、施行日以後にされる認知について適用されます（附則第5条第2項）。これは、新たな規律の適用が、子の出生の時期や、認知無効の訴えの提起の時期を基準とするものではなく、認知の時期を基準とするものであることを明らかにするものです。

**Q102**　施行日から1年以内に限り、施行日前に生まれた子について、子及び母が嫡出否認の訴えを提起することができるものとしていますが、その趣旨は何ですか（附則第4条第2項関係）。

**A**　改正法における子や母による嫡出否認の規定については、嫡出否認の訴えの提訴権者を拡大することにより無戸籍者問題の解消を図るという同法の趣旨に照らし、同法の施行前から存在している無戸籍者の救済を図るため、施行日（令和6年4月1日）前に生まれた子についても適用することとしました。

　ただし、既に形成されている身分関係の安定等についても配慮する必要があることから、施行日前に生まれた子についての子や母による嫡出否認の規定の適用については、施行日後1年間に限定することとしたものです[注]。

（注）　適用期間を施行日後1年間としたのは、改正前の民法における父による嫡出否認の訴えについて子の出生を知った時から1年間の出訴期間が定められていたこと、また、施行日前に生まれた子については、施行日に先立って嫡出否認の訴えの準備を進めることも可能であると考えられること等を総合的に勘案したものです。

## Q103　「施行日前に生まれた子」には、既に成人した子や戸籍がある人も含まれますか。

**A**　改正法における子や母による嫡出否認の規定については、「施行日前に生まれた子」についても、施行日後1年間に限って適用することとしています（Q102参照）。

　ここでいう「施行日前に生まれた子」には、未成年者のみならず、既に成年に達した者も含まれます。

　また、現在子が戸籍を有する場合であっても、これまで子及び母による嫡出否認の訴えの提起が認められていなかったために、子が血縁関係のない夫又は前夫の子として戸籍上扱われることを甘受した方も存在するものと考えられ、このような方について、事後的な救済を図ることにも一定の必要性や合理性が認められるものと考えられることから、現在戸籍を有する者についても「施行日前に生まれた子」に含まれるものとしています。

**資料1**　**民法（親子法制）等の改正に関する要綱**

## 民法（親子法制）等の改正に関する要綱

### 第1　懲戒権に関する規定の見直し
1　民法第822条を削除し、同法第821条を同法第822条とする。
2　民法第821条に次のような規律を設けるものとする。
　　親権を行う者は、第820条の規定による監護及び教育をするに当たっては、子の人格を尊重するとともに、子の年齢及び発達の程度に配慮しなければならず、かつ、体罰その他の子の心身の健全な発達に有害な影響を及ぼす言動をしてはならない。

### 第2　嫡出の推定の見直し及び女性に係る再婚禁止期間の廃止
1　嫡出の推定の見直し
　　民法第772条の規律を次のように改めるものとする。
①　妻が婚姻中に懐胎した子は、当該婚姻における夫の子と推定する。女が婚姻前に懐胎した子であって、婚姻が成立した後に生まれたものも、同様とする。
②　①の場合において、婚姻の成立の日から200日以内に生まれた子は、婚姻前に懐胎したものと推定し、婚姻の成立の日から200日を経過した後又は婚姻の解消若しくは取消しの日から300日以内に生まれた子は、婚姻中に懐胎したものと推定する。
③　①の場合において、女が子を懐胎した時から子の出生の時までの間に二以上の婚姻をしていたときは、その子は、その出生の直近の婚姻における夫の子と推定する。
④　①から③により子の父が定められた子について、嫡出否認の訴えによりその父であることが否認された場合における③の適用においては、③の「直近の婚姻」とあるのは、「直近の婚姻（第774条の規定により子がその嫡出であることが否認された夫との間の婚姻を除く。）」とする。

2　女性に係る再婚禁止期間の廃止
(1)　民法第733条を削除する。
(2)　民法第733条を削除することに伴い、以下のように見直すものとする。
①　民法第773条は、民法第732条の規定に違反して婚姻をした女が出産した場合において、適用することとする。
②　民法第744条第2項において、再婚禁止期間内にした婚姻の取消しに係る記載を削る。
③　民法第746条を削除する。

## 第3　嫡出否認制度に関する規律の見直し

### 1　民法の規律

(1)　否認権者を拡大する方策

民法第７７４条の規律を次のように改めるものとする。

①　第２の１の規定により子の父が定められる場合において、父又は子は、子が嫡出であることを否認することができる。

②　親権を行う母又は未成年後見人は、子に代わって、①の規定による否認権を行使することができる。

③　①に規定する場合において、母は、子が嫡出であることを否認することができる。ただし、その否認権の行使が子の利益を害することが明らかなときは、この限りでない。

④　第２の１③の規定により子の父が定められる場合において、子の懐胎の時から出生の時までに母と婚姻していた者であって、子の父以外のもの（以下「前夫」という。）は、その否認権の行使が子の利益を害することが明らかでないときに限り、子が嫡出であることを否認することができる。

⑤　④の規定による否認権を行使した前夫は、①の規定にかかわらず、子が自らの嫡出であることを否認することができない。

(2)　嫡出否認の訴えに関する規律の見直し

民法第７７５条の規律を次のように改めるものとする。

①　次に掲げる否認権は、それぞれ次に定める者に対する嫡出否認の訴えによって行う。

ア　父の否認権　　子又は親権を行う母

イ　子の否認権　　父

ウ　母の否認権　　父

エ　前夫の否認権　父及び子又は親権を行う母

②　①のア又はエに掲げる否認権を行使する場合において、親権を行う母又は未成年後見人がないときは、家庭裁判所は、特別代理人を選任しなければならない。

(3)　嫡出の承認に関する規律の見直し

民法第７７６条の規律を次のように改めるものとする。

父又は母は、子の出生後において、その嫡出であることを承認したときは、それぞれその否認権を失う。

(4)　嫡出否認の訴えの出訴期間を伸長する方策

民法第７７７条の規律を次の①及び②の規律に改めるとともに、同条に③及び④の規律を追加するものとする。

①　次に掲げる否認権の行使に係る嫡出否認の訴えは、それぞれ次に定める時から３年以内に提起しなければならない。

ア　父の否認権　　父が子の出生を知った時

イ　子の否認権　　その出生の時

　　ウ　母の否認権　子の出生の時

　　エ　前夫の否認権　前夫が子の出生を知った時

②　①のイの期間の満了前6か月以内の間に親権を行う母及び未成年後見人がないときは、子は、母の親権停止の期間が満了し、親権喪失若しくは親権停止の審判の取消しの審判が確定し、若しくは親権が回復され、又は未成年後見人が就職した時から6か月を経過するまでの間は、嫡出否認の訴えを提起することができる。

③　子は、その父と継続して同居した期間（当該期間が二以上あるときは、そのうち最も長い期間）が3年を下回るときは、①イ及び⑥イの規定にかかわらず、21歳に達するまでの間、嫡出否認の訴えを提起することができる。ただし、子の否認権の行使が父による養育の状況に照らして父の利益を著しく害するときは、この限りでない。

④　1(1)②の規定は、③の場合には、適用しない。

⑤　①エに掲げる否認権の行使に係る嫡出否認の訴えは、子が成年に達したときは提起することができない。

⑥　第2の1③の規定により父が定められた子について、(1)の規定により否認権が行使されたときは、次に掲げる否認権の行使に係る嫡出否認の訴えは、①の規定にかかわらず、次に定める時から1年以内に提起しなければならない。

　　ア　第2の1①前段又は同④の規定により読み替えられた同③の規定により新たに子の父と定められた者の否認権　新たに子の父と定められた者が当該子に係る嫡出否認の裁判が確定したことを知った時

　　イ　子の否認権　子がアの裁判が確定したことを知った時

　　ウ　母の否認権　母がアの裁判が確定したことを知った時

　　エ　前夫の否認権　前夫がアの裁判が確定したことを知った時

(5)　父がした子の監護のための費用の償還に関する規律の新設

　民法に次のような規律を加えるものとする。

　(1)に規定する否認権の行使により子の父であることが否認された者は、子に対して、自らが支出した子の監護のための費用の償還を求めることができない。

(6)　相続の開始後に嫡出否認により子と推定された者の価額の支払請求権の新設

　民法に次の規律を加えるものとする。

　相続の開始後、否認権が行使されたことにより、被相続人がその父と定められた者は、相続人として遺産の分割を請求しようとする場合において、他の共同相続人が既にその分割その他の処分をしていたときは、価額のみによる支払の請求権を有する。

2　人事訴訟法の規律
(1)　当事者の死亡による人事訴訟の終了
　　人事訴訟法第27条第2項を、次のように改めるものとする。
　　離婚、嫡出否認（父を被告とする場合を除く。）又は離縁を目的とする人事訴訟の係属中に被告が死亡した場合には、当該人事訴訟は、第26条第2項の規定にかかわらず、当然に終了する。
(2)　嫡出否認の訴えの当事者等
　　人事訴訟法第41条に、次の①及び②の規律を加えるものとする。
　①　1(1)④に規定する前夫は、同④の規定により嫡出否認の訴えを提起する場合において、子の懐胎の時から出生の時までの間に、前夫の後に母と婚姻していた者（父を除く。）がいるときは、これらの者を被告とする嫡出否認の訴えをその嫡出否認の訴えに併合して提起しなければならない。
　②　①の規定により併合して提起されたそれぞれの嫡出否認の訴えの弁論及び裁判は、分離しないでしなければならない。
(3)　嫡出否認の判決の通知の新設
　　人事訴訟法に次の規律を加えるものとする。
　　裁判所は、第2の1③の規定により父が定められる子について嫡出否認の判決が確定したときは、前夫（訴訟記録上その住所又は居所が判明しているものに限る。）に対し、当該判決の内容を通知するものとする。

3　家事事件手続法の規律
(1)　特別代理人の選任に関する規律
　　家事事件手続法第159条第2項の規律を、次のように改めるものとする。
　　嫡出否認の訴えの特別代理人の選任の審判事件においては、父及び前夫は、第17条第1項において準用する民事訴訟法第31条の規定にかかわらず、法定代理人によらずに、自ら手続行為をすることができる。
(2)　嫡出否認の裁判の通知の新設
　　家事事件手続法に次の規律を加えるものとする。
　　裁判所は、第2の1③の規定により父が定められる子の嫡出否認についての合意に相当する審判が確定したときは、前夫（事件の記録上その住所又は居所が判明しているものに限る。）に対し、当該審判の内容を通知するものとする。

**第4　第三者の提供精子を用いた生殖補助医療により生まれた子の親子関係に関する民法の特例に関する規律の見直し**
　　生殖補助医療の提供等及びこれにより出生した子の親子関係に関する民法の特例に関する法律第10条の規律を次のように改めるものとする。
　　妻が、夫の同意を得て、夫以外の男性の精子（その精子に由来する胚を含む。）を用いた生殖補助医療により懐胎した子については、夫、又は妻は、第3の1(1)①及び③の規定にかかわらず、その子が嫡出であることを否認することができない。

## 第5　認知制度の見直し等

1　認知の無効に関する規律等の見直し

（1）　認知の無効に関する規律の見直し

民法第786条の規律を次のように改めるものとする。

① 　次に掲げる者は、認知について反対の事実があることを理由として、それぞれ次に定める時（認知の時に子が胎内に在った場合にあっては、子の出生の時）から7年以内に限り、認知の無効の訴えを提起することができる。ただし、子の母について、その認知の無効の主張が子の利益を害することが明らかなときは、この限りでない。

ア　子又はその法定代理人　子又はその法定代理人が認知を知った時

イ　認知をした者　認知の時

ウ　子の母　子の母が認知を知った時

② 　子は、認知をした者と認知後に継続して同居した期間（当該期間が二以上あるときは、そのうち最も長い期間）が3年を下回るときは、①の規定にかかわらず、21歳に達するまでの間、認知について反対の事実があることを理由として、認知の無効の訴えを提起することができる。ただし、子の認知の無効の主張が認知をした者による養育の状況に照らして認知をした者の利益を著しく害するときは、この限りでない。

③ 　子の法定代理人は、②の訴えを提起することができない。

④ 　認知の無効の訴えにより認知が無効とされた者は、子に対して、自らが支出した子の監護のための費用の償還を求めることができない。

（2）　人事訴訟法の規律の新設

民法第786条に規定する認知の無効の訴えの出訴権者が死亡した場合に、次のような規律を設けるものとする。

① 　認知をした者が、子の出生前に死亡したとき又は1(1)の出訴期間内に認知の無効の訴えを提起しないで死亡したときは、その子のために相続権を害される者その他認知をした者の三親等内の血族は、認知の無効の訴えを提起することができる。この場合においては、認知をした者の死亡の日から1年以内にその訴えを提起しなければならない。

② 　認知をした者が、認知の無効の訴えを提起した後に死亡した場合には、①の規定により認知の無効の訴えを提起することができる者は、認知をした者の死亡の日から6月以内に訴訟手続を受け継ぐことができる。この場合においては、民事訴訟法第124条第1項後段の規定は、適用しない。

③ 　子が、1(1)①の出訴期間内に認知の無効の訴えを提起しないで死亡したときは、子の直系卑属又はその法定代理人は、認知の無効の訴えを提起することができる。この場合においては、子の死亡の日から1年以内にその訴えを提起しなければならない。

④ 　子が、1(1)①の出訴期間内に認知の無効の訴えを提起した後に死亡した場

　　　合には、子の直系卑属又はその法定代理人は、子の死亡の日から6月以内に
　　　訴訟手続を受け継ぐことができる。
　(3)　家事事件手続法の規律の新設
　　　民法第786条に規定する認知の無効についての調停の申立人が死亡した
　　場合に、次のような規律を設けるものとする。
　　①　認知をした者が認知の無効についての調停の申立てをした後に死亡した
　　　場合において、当該申立てに係る子のために相続権を害される者その他認知
　　　をした者の三親等内の血族が認知をした者の死亡の日から1年以内に認知
　　　の無効の訴えを提起したときは、認知をした者がした調停の申立ての時に、
　　　その訴えの提起があったものとみなす。
　　②　子が認知の無効についての調停の申立てをした後に死亡した場合におい
　　　て、子の直系卑属又はその法定代理人が子の死亡の日から1年以内に認知の
　　　無効の訴えを提起したときは、子がした調停の申立ての時に、その訴えの提
　　　起があったものとみなす。

　2　国籍法に関する規律の見直し
　　　国籍法に次のような規律を加えるものとする。
　　　国籍法第3条に規定する認知された子の国籍の取得に関する規定は、認知につ
　　いて反対の事実があるときは、適用しない。

　3　胎児認知の効力に関する規律の新設
　　　民法第783条に次のような規律を加えるものとする。
　　　認知された胎児が出生した場合において、第2の1の規定により子の父が定め
　　られるときは、胎児認知は、その効力を生じない。

**資料2**　**民法等の一部を改正する法律（令和4年法律第102号）　新旧対照条文**

一　民法（明治二十九年法律第八十九号）（第一条関係）　　　　（下線部分は改正部分）

| 改　正　後 | 改　正　前 |
|---|---|
|  | （再婚禁止期間） |
| 第七百三十三条　削除 | 第七百三十三条　女は、前婚の解消又は取消しの日から起算して百日を経過した後でなければ、再婚をすることができない。 |
|  | 2　前項の規定は、次に掲げる場合には、適用しない。 |
|  | 一　女が前婚の解消又は取消しの時に懐胎していなかった場合 |
|  | 二　女が前婚の解消又は取消しの後に出産した場合 |
| （婚姻の届出の受理） | （婚姻の届出の受理） |
| 第七百四十条　婚姻の届出は、その婚姻が第七百三十一条、第七百三十二条、第七百三十四条から第七百三十六条まで及び前条第二項の規定その他の法令の規定に違反しないことを認めた後でなければ、受理することができない。 | 第七百四十条　婚姻の届出は、その婚姻が第七百三十一条から第七百三十六条まで及び前条第二項の規定その他の法令の規定に違反しないことを認めた後でなければ、受理することができない。 |
| （婚姻の取消し） | （婚姻の取消し） |
| 第七百四十三条　婚姻は、次条、第七百四十五条及び第七百四十七条の規定によらなければ、取り消すことができない。 | 第七百四十三条　婚姻は、次条から第七百四十七条までの規定によらなければ、取り消すことができない。 |
| （不適法な婚姻の取消し） | （不適法な婚姻の取消し） |
| 第七百四十四条　第七百三十一条、第七百三十二条及び第七百三十四条から第七百三十六条までの規定に違反した婚姻は、各当事者、その親族又は検察官から、その取消しを家庭裁判所に請求することができる。ただし、検察官は、当事者の一方が死亡した後は、これを請求することができない。 | 第七百四十四条　第七百三十一条から第七百三十六条までの規定に違反した婚姻は、各当事者、その親族又は検察官から、その取消しを家庭裁判所に請求することができる。ただし、検察官は、当事者の一方が死亡した後は、これを請求することができない。 |
| 2　第七百三十二条の規定に違反した婚姻 | 2　第七百三十二条又は第七百三十三条の |

| 改　正　後 | 改　正　前 |
|---|---|
| については、<u>前婚の配偶者</u>も、その取消しを請求することができる。 | 規定に違反した婚姻については、<u>当事者の配偶者又は前配偶者</u>も、その取消しを請求することができる。 |
| <u>第七百四十六条　削除</u> | <u>（再婚禁止期間内にした婚姻の取消し）</u><br><u>第七百四十六条　第七百三十三条の規定に違反した婚姻は、前婚の解消若しくは取消しの日から起算して百日を経過し、又は女が再婚後に出産したときは、その取消しを請求することができない。</u> |
| （嫡出の推定）<br>第七百七十二条　妻が婚姻中に懐胎した子は、<u>当該婚姻における夫の子と推定する。女が婚姻前に懐胎した子であって、婚姻が成立した後に生まれたものも、同様とする。</u> | （嫡出の推定）<br>第七百七十二条　妻が婚姻中に懐胎した子は、夫の子と推定する。 |
| 2　<u>前項の場合において、婚姻の成立の日から二百日以内に生まれた子は、婚姻前に懐胎したものと推定し、婚姻の成立の日から二百日</u>を経過した後又は婚姻の解消若しくは取消しの日から三百日以内に生まれた子は、婚姻中に懐胎したものと推定する。 | 2　婚姻の成立<u>の日から二百日を経過した後</u>又は婚姻の解消若しくは取消しの日から三百日以内に生まれた子は、婚姻中に懐胎したものと推定する。 |
| 3　<u>第一項の場合において、女が子を懐胎した時から子の出生の時までの間に二以上の婚姻をしていたときは、その子は、その出生の直近の婚姻における夫の子と推定する。</u> | （新設） |
| 4　<u>前三項の規定により父が定められた子について、第七百七十四条の規定によりその父の嫡出であることが否認された場合における前項の規定の適用については、同項中「直近の婚姻」とあるのは、「直近の婚姻（第七百七十四条の規定により子がその嫡出であることが否認された夫との間の婚姻を除く。）」とする。</u> | （新設） |

| 改　正　後 | 改　正　前 |
|---|---|
| （父を定めることを目的とする訴え） | （父を定めることを目的とする訴え） |
| 第七百七十三条　<u>第七百三十二条の規定に</u>違反して<u>婚姻</u>をした女が出産した場合において、前条の規定によりその子の父を定めることができないときは、裁判所が、これを定める。 | 第七百七十三条　<u>第七百三十三条第一項の</u>規定に違反して<u>再婚</u>をした女が出産した場合において、前条の規定によりその子の父を定めることができないときは、裁判所が、これを定める。 |
| （嫡出の否認） | （嫡出の否認） |
| 第七百七十四条　第七百七十二条<u>の規定により子の父が定められる場合において、父又は子</u>は、子が嫡出であることを否認することができる。 | 第七百七十四条　第七百七十二条<u>の場合に</u>おいて、<u>夫</u>は、子が嫡出であることを否認することができる。 |
| 2　<u>前項の規定による子の否認権は、親権を行う母、親権を行う養親又は未成年後見人が、子のために行使することができる。</u> | （新設） |
| 3　<u>第一項に規定する場合において、母は、子が嫡出であることを否認することができる。ただし、その否認権の行使が子の利益を害することが明らかなときは、この限りでない。</u> | （新設） |
| 4　<u>第七百七十二条第三項の規定により子の父が定められる場合において、子の懐胎の時から出生の時までの間に母と婚姻していた者であって、子の父以外のもの（以下「前夫」という。）は、子が嫡出であることを否認することができる。ただし、その否認権の行使が子の利益を害することが明らかなときは、この限りでない。</u> | （新設） |
| 5　<u>前項の規定による否認権を行使し、第七百七十二条第四項の規定により読み替えられた同条第三項の規定により新たに子の父と定められた者は、第一項の規定にかかわらず、子が自らの嫡出であることを否認することができない。</u> | （新設） |

| 改　正　後 | 改　正　前 |
|---|---|
| （嫡出否認の訴え） | （嫡出否認の訴え） |
| 第七百七十五条　次の各号に掲げる否認権は、それぞれ当該各号に定める者に対する嫡出否認の訴えによって行う。 | 第七百七十五条　前条の規定による否認権は、子又は親権を行う母に対する嫡出否認の訴えによって行う。親権を行う母がないときは、家庭裁判所は、特別代理人を選任しなければならない。 |
| 　一　父の否認権　子又は親権を行う母 | （新設） |
| 　二　子の否認権　父 | （新設） |
| 　三　母の否認権　父 | （新設） |
| 　四　前夫の否認権　父及び子又は親権を行う母 | （新設） |
| 2　前項第一号又は第四号に掲げる否認権を親権を行う母に対し行使しようとする場合において、親権を行う母がないときは、家庭裁判所は、特別代理人を選任しなければならない。 | （新設） |
| （嫡出の承認） | （嫡出の承認） |
| 第七百七十六条　父又は母は、子の出生後において、その嫡出であることを承認したときは、それぞれその否認権を失う。 | 第七百七十六条　夫は、子の出生後において、その嫡出であることを承認したときは、その否認権を失う。 |
| （嫡出否認の訴えの出訴期間） | （嫡出否認の訴えの出訴期間） |
| 第七百七十七条　次の各号に掲げる否認権の行使に係る嫡出否認の訴えは、それぞれ当該各号に定める時から三年以内に提起しなければならない。 | 第七百七十七条　嫡出否認の訴えは、夫が子の出生を知った時から一年以内に提起しなければならない。 |
| 　一　父の否認権　父が子の出生を知った時 | （新設） |
| 　二　子の否認権　その出生の時 | （新設） |
| 　三　母の否認権　子の出生の時 | （新設） |
| 　四　前夫の否認権　前夫が子の出生を知った時 | （新設） |
| 第七百七十八条　第七百七十二条第三項の規定により父が定められた子について第七百七十四条の規定により嫡出であるこ | 第七百七十八条　夫が成年被後見人であるときは、前条の期間は、後見開始の審判の取消しがあった後夫が子の出生を知っ |

| 改　正　後 | 改　正　前 |
|---|---|
| とが否認されたときは、次の各号に掲げる否認権の行使に係る嫡出否認の訴えは、前条の規定にかかわらず、それぞれ当該各号に定める時から一年以内に提起しなければならない。<br>　一　第七百七十二条第四項の規定により読み替えられた同条第三項の規定により新たに子の父と定められた者の否認権　新たに子の父と定められた者が当該子に係る嫡出否認の裁判が確定したことを知った時<br>　二　子の否認権　子が前号の裁判が確定したことを知った時<br>　三　母の否認権　母が第一号の裁判が確定したことを知った時<br>　四　前夫の否認権　前夫が第一号の裁判が確定したことを知った時<br><br>第七百七十八条の二　第七百七十七条（第二号に係る部分に限る。）又は前条（第二号に係る部分に限る。）の期間の満了前六箇月以内の間に親権を行う母、親権を行う養親及び未成年後見人がないときは、子は、母若しくは養親の親権停止の期間が満了し、親権喪失若しくは親権停止の審判の取消しの審判が確定し、若しくは親権が回復された時、新たに養子縁組が成立した時又は未成年後見人が就職した時から六箇月を経過するまでの間は、嫡出否認の訴えを提起することができる。<br>　2　子は、その父と継続して同居した期間（当該期間が二以上あるときは、そのうち最も長い期間）が三年を下回るときは、第七百七十七条（第二号に係る部分に限る。）及び前条（第二号に係る部分に限る。）の規定にかかわらず、二十一 | た時から起算する。<br><br><br><br><br><br><br><br><br><br><br><br><br><br><br><br><br><br>（新設） |

| 改　正　後 | 改　正　前 |
|---|---|
| 歳に達するまでの間、嫡出否認の訴えを提起することができる。ただし、子の否認権の行使が父による養育の状況に照らして父の利益を著しく害するときは、この限りでない。<br>　3　第七百七十四条第二項の規定は、前項の場合には、適用しない。<br>　4　第七百七十七条（第四号に係る部分に限る。）及び前条（第四号に係る部分に限る。）に掲げる否認権の行使に係る嫡出否認の訴えは、子が成年に達した後は、提起することができない。<br><br>（子の監護に要した費用の償還の制限）<br>第七百七十八条の三　第七百七十四条の規定により嫡出であることが否認された場合であっても、子は、父であった者が支出した子の監護に要した費用を償還する義務を負わない。<br><br>（相続の開始後に新たに子と推定された者の価額の支払請求権）<br>第七百七十八条の四　相続の開始後、第七百七十四条の規定により否認権が行使され、第七百七十二条第四項の規定により読み替えられた同条第三項の規定により新たに被相続人がその父と定められた者が相続人として遺産の分割を請求しようとする場合において、他の共同相続人が既にその分割その他の処分をしていたときは、当該相続人の遺産分割の請求は、価額のみによる支払の請求により行うものとする。<br><br>（胎児又は死亡した子の認知）<br>第七百八十三条　（略）<br>　2　前項の子が出生した場合において、第 | <br><br><br><br><br><br><br><br><br><br><br>（新設）<br><br><br><br><br><br><br><br>（新設）<br><br><br><br><br><br><br><br><br><br><br><br><br>（胎児又は死亡した子の認知）<br>第七百八十三条　（同左）<br>（新設） |

| 改　正　後 | 改　正　前 |
|---|---|
| <u>七百七十二条の規定によりその子の父が</u><br><u>定められるときは、同項の規定による認</u><br><u>知は、その効力を生じない。</u><br>　<u>3</u>　（略）<br><br>　<u>（認知の無効の訴え）</u><br><u>第七百八十六条</u>　<u>次の各号に掲げる者は、</u><br>　<u>それぞれ当該各号に定める時（第七百八</u><br>　<u>十三条第一項の規定による認知がされた</u><br>　<u>場合にあっては、子の出生の時）から七</u><br>　<u>年以内に限り、認知について反対の事実</u><br>　<u>があることを理由として、認知の無効の</u><br>　<u>訴えを提起することができる。ただし、</u><br>　<u>第三号に掲げる者について、その認知の</u><br>　<u>無効の主張が子の利益を害することが明</u><br>　<u>らかなときは、この限りでない。</u><br>　<u>一　子又はその法定代理人　子又はその</u><br>　　<u>法定代理人が認知を知った時</u><br>　<u>二　認知をした者　認知の時</u><br>　<u>三　子の母　子の母が認知を知った時</u><br>　<u>2</u>　<u>子は、その子を認知した者と認知後に</u><br>　<u>継続して同居した期間（当該期間が二以</u><br>　<u>上あるときは、そのうち最も長い期間）</u><br>　<u>が三年を下回るときは、前項（第一号に</u><br>　<u>係る部分に限る。）の規定にかかわら</u><br>　<u>ず、二十一歳に達するまでの間、認知の</u><br>　<u>無効の訴えを提起することができる。た</u><br>　<u>だし、子による認知の無効の主張が認知</u><br>　<u>をした者による養育の状況に照らして認</u><br>　<u>知をした者の利益を著しく害するとき</u><br>　<u>は、この限りでない。</u><br>　<u>3</u>　<u>前項の規定は、同項に規定する子の法</u><br>　<u>定代理人が第一項の認知の無効の訴えを</u><br>　<u>提起する場合には、適用しない。</u><br>　<u>4</u>　<u>第一項及び第二項の規定により認知が</u><br>　<u>無効とされた場合であっても、子は、認</u><br>　<u>知をした者が支出した子の監護に要した</u> | <br><br><br><br>　2　（同左）<br><br>　（認知に対する反対の事実の主張）<br>第七百八十六条　子その他の利害関係人<br>　は、認知に対して反対の事実を主張する<br>　ことができる。 |

| 改　正　後 | 改　正　前 |
|---|---|
| 費用を償還する義務を負わない。 | |
| （子の人格の尊重等）<br>第八百二十一条　親権を行う者は、前条の規定による監護及び教育をするに当たっては、子の人格を尊重するとともに、その年齢及び発達の程度に配慮しなければならず、かつ、体罰その他の子の心身の健全な発達に有害な影響を及ぼす言動をしてはならない。 | （新設） |
| （居所の指定）<br>第八百二十二条　（略） | （居所の指定）<br>第八百二十一条　（同左） |
| （削る） | （懲戒）<br>第八百二十二条　親権を行う者は、第八百二十条の規定による監護及び教育に必要な範囲内でその子を懲戒することができる。 |

二　児童福祉法（昭和二十二年法律第百六十四号）（第二条関係）　（下線部分は改正部分）

| 改　正　後 | 改　正　前 |
|---|---|
| 第三十三条の二　（略） | 第三十三条の二　（同左） |
| ②　児童相談所長は、一時保護が行われた児童で親権を行う者又は未成年後見人のあるものについても、監護及び教育に関し、その児童の福祉のため必要な措置をとることができる。この場合において、児童相談所長は、児童の人格を尊重するとともに、その年齢及び発達の程度に配慮しなければならず、かつ、体罰その他の児童の心身の健全な発達に有害な影響を及ぼす言動をしてはならない。 | ②　児童相談所長は、一時保護が行われた児童で親権を行う者又は未成年後見人のあるものについても、監護、教育及び懲戒に関し、その児童の福祉のため必要な措置を採ることができる。ただし、体罰を加えることはできない。 |
| ③・④　（略） | ③・④　（同左） |
| 第四十七条　（略） | 第四十七条　（同左） |
| ②　（略） | ②　（同左） |
| ③　児童福祉施設の長、その住居において養育を行う第六条の三第八項に規定する厚生労働省令で定める者又は里親（以下この項において「施設長等」という。）は、入所中又は受託中の児童で親権を行う者又は未成年後見人のあるものについても、監護及び教育に関し、その児童の福祉のため必要な措置をとることができる。この場合において、施設長等は、児童の人格を尊重するとともに、その年齢及び発達の程度に配慮しなければならず、かつ、体罰その他の児童の心身の健全な発達に有害な影響を及ぼす言動をしてはならない。 | ③　児童福祉施設の長、その住居において養育を行う第六条の三第八項に規定する厚生労働省令で定める者又は里親は、入所中又は受託中の児童で親権を行う者又は未成年後見人のあるものについても、監護、教育及び懲戒に関し、その児童の福祉のため必要な措置をとることができる。ただし、体罰を加えることはできない。 |
| ④・⑤　（略） | ④・⑤　（同左） |

三　国籍法（昭和二十五年法律第百四十七号）（第三条関係）　　　　（下線部分は改正部分）

| 改　正　後 | 改　正　前 |
|---|---|
| （認知された子の国籍の取得） | （認知された子の国籍の取得） |
| 第三条　（略） | 第三条　（同左） |
| 2　（略） | 2　（同左） |
| 3　前二項の規定は、認知について反対の事実があるときは、適用しない。 | （新設） |

四　児童虐待の防止等に関する法律（平成十二年法律第八十二号）（第四条関係）

（下線部分は改正部分）

| 改　正　後 | 改　正　前 |
|---|---|
| （児童の人格の尊重等）<br>第十四条　児童の親権を行う者は、児童の<u>しつけに際して、児童の人格を尊重する</u><u>とともに、その年齢及び発達の程度に配</u><u>慮しなければならず、かつ、体罰その他</u><u>の児童の心身の健全な発達に有害な影響</u><u>を及ぼす言動をしてはならない。</u><br><br>2　（略） | （親権の行使に関する配慮等）<br>第十四条　児童の親権を行う者は、児童の<u>しつけに際して、体罰を加えることその</u><u>他民法（明治二十九年法律第八十九号）</u><u>第八百二十条の規定による監護及び教育</u><u>に必要な範囲を超える行為により当該児</u><u>童を懲戒してはならず、当該児童の親権</u><u>の適切な行使に配慮しなければならない。</u><br><br>2　（同左） |
| （親権の喪失の制度の適切な運用）<br>第十五条　民法<u>（明治二十九年法律第八十</u><u>九号）</u>に規定する親権の喪失の制度は、児童虐待の防止及び児童虐待を受けた児童の保護の観点からも、適切に運用されなければならない。 | （親権の喪失の制度の適切な運用）<br>第十五条　民法に規定する親権の喪失の制度は、児童虐待の防止及び児童虐待を受けた児童の保護の観点からも、適切に運用されなければならない。 |

五　人事訴訟法（平成十五年法律第百九号）（第五条関係）　　　　（下線部分は改正部分）

| 改　正　後 | 改　正　前 |
|---|---|
| 目次 | 目次 |
| 　第三章　実親子関係訴訟の特例（第四十一条―第四十五条） | 　第三章　実親子関係訴訟の特例（第四十一条―第四十三条） |
| 　第四章　養子縁組関係訴訟の特例（第四十六条） | 　第四章　養子縁組関係訴訟の特例（第四十四条） |
| （当事者の死亡による人事訴訟の終了） | （当事者の死亡による人事訴訟の終了） |
| 第二十七条　（略） | 第二十七条　（同左） |
| 2　離婚、嫡出否認（父を被告とする場合を除く。）又は離縁を目的とする人事訴訟の係属中に被告が死亡した場合には、当該人事訴訟は、前条第二項の規定にかかわらず、当然に終了する。 | 2　離婚、嫡出否認又は離縁を目的とする人事訴訟の係属中に被告が死亡した場合には、当該人事訴訟は、前条第二項の規定にかかわらず、当然に終了する。 |
| （嫡出否認の訴えの当事者等） | （嫡出否認の訴えの当事者等） |
| 第四十一条　父が子の出生前に死亡したとき又は民法第七百七十七条（第一号に係る部分に限る。）若しくは第七百七十八条（第一号に係る部分に限る。）に定める期間内に嫡出否認の訴えを提起しないで死亡したときは、その子のために相続権を害される者その他父の三親等内の血族は、父の死亡の日から一年以内に限り、嫡出否認の訴えを提起することができる。 | 第四十一条　夫が子の出生前に死亡したとき又は民法第七百七十七条に定める期間内に嫡出否認の訴えを提起しないで死亡したときは、その子のために相続権を害される者その他夫の三親等内の血族は、嫡出否認の訴えを提起することができる。この場合においては、夫の死亡の日から一年以内にその訴えを提起しなければならない。 |
| 2　父が嫡出否認の訴えを提起した後に死亡した場合には、前項の規定により嫡出否認の訴えを提起することができる者は、父の死亡の日から六月以内に訴訟手続を受け継ぐことができる。この場合においては、民事訴訟法第百二十四条第一項後段の規定は、適用しない。 | 2　夫が嫡出否認の訴えを提起した後に死亡した場合には、前項の規定により嫡出否認の訴えを提起することができる者は、夫の死亡の日から六月以内に訴訟手続を受け継ぐことができる。この場合においては、民事訴訟法第百二十四条第一項後段の規定は、適用しない。 |
| 3　民法第七百七十四条第四項に規定する前夫は、同法第七百七十五条第一項（第四号に係る部分に限る。）の規定により嫡出否認の訴えを提起する場合におい | （新設） |

| 改　正　後 | 改　正　前 |
|---|---|
| て、子の懐胎の時から出生の時までの間に、当該前夫との婚姻の解消又は取消しの後に母と婚姻していた者（父を除く。）がいるときは、その嫡出否認の訴えに併合してそれらの者を被告とする嫡出否認の訴えを提起しなければならない。 | |
| 　4　前項の規定により併合して提起された嫡出否認の訴えの弁論及び裁判は、それぞれ分離しないでしなければならない。 | （新設） |
| 　（嫡出否認の判決の通知）<br>第四十二条　裁判所は、民法第七百七十二条第三項の規定により父が定められる子について嫡出否認の判決が確定したときは、同法第七百七十四条第四項に規定する前夫（訴訟記録上その氏名及び住所又は居所が判明しているものに限る。）に対し、当該判決の内容を通知するものとする。 | （新設） |
| 　（認知の無効の訴えの当事者等）<br>第四十三条　第四十一条第一項及び第二項の規定は、民法第七百八十六条に規定する認知の無効の訴えについて準用する。この場合において、第四十一条第一項及び第二項中「父」とあるのは「認知をした者」と、同条第一項中「第七百七十七条（第一号に係る部分に限る。）若しくは第七百七十八条（第一号」とあるのは「第七百八十六条第一項（第二号」と読み替えるものとする。 | （新設） |
| 　2　子が民法第七百八十六条第一項（第一号に係る部分に限る。）に定める期間内に認知の無効の訴えを提起しないで死亡したときは、子の直系卑属又はその法定代理人は、認知の無効の訴えを提起することができる。この場合においては、子 | |

| 改　正　後 | 改　正　前 |
|---|---|
| の死亡の日から一年以内にその訴えを提起しなければならない。<br>3　子が民法第七百八十六条第一項（第一号に係る部分に限る。）に定める期間内に認知の無効の訴えを提起した後に死亡した場合には、前項の規定により認知の無効の訴えを提起することができる者は、子の死亡の日から六月以内に訴訟手続を受け継ぐことができる。この場合においては、民事訴訟法第百二十四条第一項後段の規定は、適用しない。<br><br>（認知の訴えの当事者等）<br>第四十四条　（略）<br><br>（父を定めることを目的とする訴えの当事者等）<br>第四十五条　子、母、母の前婚の配偶者又はその後婚の配偶者は、民法第七百七十三条の規定により父を定めることを目的とする訴えを提起することができる。<br>2　次の各号に掲げる者が提起する前項の訴えにおいては、それぞれ当該各号に定める者を被告とし、これらの者が死亡した後は、検察官を被告とする。<br>　一　子又は母　母の前婚の配偶者及びその後婚の配偶者（その一方が死亡した後は、他の一方）<br>　二　母の前婚の配偶者　母の後婚の配偶者<br>　三　母の後婚の配偶者　母の前婚の配偶者<br>3　（略）<br><br>　　　第四章　養子縁組関係訴訟の特例<br>第四十六条　（略） | （認知の訴えの当事者等）<br>第四十二条　（同左）<br><br>（父を定めることを目的とする訴えの当事者等）<br>第四十三条　子、母、母の配偶者又はその前配偶者は、民法第七百七十三条の規定により父を定めることを目的とする訴えを提起することができる。<br>2　次の各号に掲げる者が提起する前項の訴えにおいては、それぞれ当該各号に定める者を被告とし、これらの者が死亡した後は、検察官を被告とする。<br>　一　子又は母　母の配偶者及びその前配偶者（その一方が死亡した後は、他の一方）<br>　二　母の配偶者　母の前配偶者<br>　三　母の前配偶者　母の配偶者<br>3　（同左）<br><br>　　　第四章　養子縁組関係訴訟の特例<br>第四十四条　（同左） |

六　家事事件手続法（平成二十三年法律第五十二号）（第六条関係）（下線部分は改正部分）

| 改　正　後 | 改　正　前 |
|---|---|
| 目次 | 目次 |
| 　第三編　（略） | 　第三編　（同左） |
| 　　第二章　合意に相当する審判（第二百七十七条―<u>第二百八十三条の三</u>） | 　　第二章　合意に相当する審判（第二百七十七条―<u>第二百八十三条</u>） |
| 第百五十九条　（略） | 第百五十九条　（同左） |
| 2　第百十八条の規定は、嫡出否認の訴えの特別代理人の選任の審判事件における<u>父及び民法第七百七十四条第四項に規定する前夫</u>について準用する。 | 2　第百十八条の規定は、嫡出否認の訴えの特別代理人の選任の審判事件における<u>夫</u>について準用する。 |
| 3　（略） | 3　（同左） |
| （申立人の死亡により事件が終了した場合の特則） | （申立人の死亡により事件が終了した場合の特則） |
| 第二百八十三条　<u>父</u>が嫡出否認についての調停の申立てをした後に死亡した場合において、当該申立てに係る子のために相続権を害される者その他<u>父</u>の三親等内の血族が<u>父</u>の死亡の日から一年以内に嫡出否認の訴えを提起したときは、<u>父</u>がした調停の申立ての時に、その訴えの提起があったものとみなす。 | 第二百八十三条　<u>夫</u>が嫡出否認についての調停の申立てをした後に死亡した場合において、当該申立てに係る子のために相続権を害される者その他<u>夫</u>の三親等内の血族が<u>夫</u>の死亡の日から一年以内に嫡出否認の訴えを提起したときは、<u>夫</u>がした調停の申立ての時に、その訴えの提起があったものとみなす。 |
| <u>（嫡出否認の審判の通知）</u> | （新設） |
| <u>第二百八十三条の二　家庭裁判所は、民法第七百七十二条第三項の規定により父が定められる子の嫡出否認についての合意に相当する審判が確定したときは、同法第七百七十四条第四項に規定する前夫（事件の記録上その氏名及び住所又は居所が判明しているものに限る。）に対し、当該合意に相当する審判の内容を通知するものとする。</u> | |

| 改　正　後 | 改　正　前 |
|---|---|
| (認知の無効についての調停の申立ての特則)<br>第二百八十三条の三　認知をした者が認知について反対の事実があることを理由とする認知の無効についての調停の申立てをした後に死亡した場合において、当該申立てに係る子のために相続権を害される者その他認知をした者の三親等内の血族が認知をした者の死亡の日から一年以内に認知について反対の事実があることを理由とする認知の無効の訴えを提起したときは、認知をした者がした調停の申立ての時に、その訴えの提起があったものとみなす。<br>2　子が認知について反対の事実があることを理由とする認知の無効についての調停の申立てをした後に死亡した場合において、子の直系卑属又はその法定代理人が子の死亡の日から一年以内に認知について反対の事実があることを理由とする認知の無効の訴えを提起したときは、子がした調停の申立ての時に、その訴えの提起があったものとみなす。 | (新設) |
| 　　　第三章　調停に代わる審判 | 　　　第三章　調停に代わる審判 |
| 別表第一（略） | 別表第一（同左） |

別表第一（略）

| 項 | 事項 | 根拠となる法律の規定 |
|---|---|---|
| （略） | | |
| 五十九 | 嫡出否認の訴えの特別代理人の選任 | 民法第七百七十五条第二項 |
| （略） | | |

別表第一（同左）

| 項 | 事項 | 根拠となる法律の規定 |
|---|---|---|
| （同左） | | |
| 五十九 | 嫡出否認の訴えの特別代理人の選任 | 民法第七百七十五条 |
| （同左） | | |

七　生殖補助医療の提供等及びこれにより出生した子の親子関係に関する民法の特例に関する法律（令和二年法律第七十六号）（第七条関係）　　　　　　（下線部分は改正部分）

| 改　正　後 | 改　正　前 |
|---|---|
| （他人の精子を用いる生殖補助医療により出生した子についての嫡出否認の特則） | （他人の精子を用いる生殖補助医療に同意をした夫による嫡出の否認の禁止） |
| 第十条　妻が、夫の同意を得て、夫以外の男性の精子（その精子に由来する胚を含む。）を用いた生殖補助医療により懐胎した子については、夫、子又は妻は、民法第七百七十四条第一項及び第三項の規定にかかわらず、その子が嫡出であることを否認することができない。 | 第十条　妻が、夫の同意を得て、夫以外の男性の精子（その精子に由来する胚を含む。）を用いた生殖補助医療により懐胎した子については、夫は、民法第七百七十四条の規定にかかわらず、その子が嫡出であることを否認することができない。 |

**資料3** 民法等の一部を改正する法律（令和4年法律第102号）附則

　　　附　則

（施行期日）

第一条　この法律は、公布の日から起算して一年六月を超えない範囲内において政令で定める日から施行する。ただし、第一条中民法第八百二十二条を削り、同法第八百二十一条を同法第八百二十二条とし、同法第八百二十条の次に一条を加える改正規定並びに第二条及び第四条の規定は、公布の日から施行する。

（再婚禁止に違反した婚姻の経過措置）

第二条　この法律の施行の日（以下「施行日」という。）より前にされた第一条の規定による改正前の民法第七百三十三条第一項の規定に違反した婚姻についての取消し及び同項の規定に違反して再婚をした女が出産した子に係る父を定めることを目的とする訴えについては、なお従前の例による。

（嫡出の推定に関する経過措置）

第三条　第一条の規定による改正後の民法（以下「新民法」という。）第七百七十二条の規定は、施行日以後に生まれる子について適用し、施行日前に生まれた子についての嫡出の推定については、なお従前の例による。

（嫡出の否認及び嫡出の承認に関する経過措置）

第四条　新民法第七百七十四条第一項（父の否認権に係る部分に限る。）、第七百七十五条第一項（第一号に係る部分に限る。）及び第二項（同条第一項第一号に係る部分に限る。）並びに第七百七十七条（第一号に係る部分に限る。）の規定並びに第五条の規定による改正後の人事訴訟法第四十一条第一項の規定は、施行日以後に生まれる子について適用し、施行日前に生まれた子に対する父による嫡出否認の訴えについては、なお従前の例による。

2　新民法第七百七十四条第一項（子の否認権に係る部分に限る。）から第三項まで、第七百七十五条第一項（第二号及び第三号に係る部分に限る。）、第七百七十六条（母に係る部分に限る。）、第七百七十七条（第二号及び第三号に係る部分に限る。以下この項において同じ。）及び第七百七十八条の二第一項の規定、第五条の規定による改正後の人事訴訟法第二十七条第二項の規定並びに第七条の規定による改正後の生殖補助医療の提供等及びこれにより出生した子の親子関係に関する民法の特例に関する法律第十条の規定は、施行日前に生まれた子についても適用する。この場合において、施行日前に生まれた子に係る嫡出否認の訴えに関する新民法第七百七十七条の適用については、同条中「当該各号に定める時から三年以内」とあるのは、「民法等の一部を改正する法律（令和四年法律第　号）の施行の時から一年を経過する時まで」とする。

3　新民法第七百七十四条第四項及び第五項、第七百七十五条第一項（第四号に係る部分に限る。）及び第二項（同条第一項第四号に係る部分に限る。）、第七百七十七条（第四号に係る部分に限る。）、第七百七十八条、第七百七十八条の二第二項から第四項まで、第七百七十八条の三並びに第七百七十八条の四の規定は、施行日以後に生まれる子について適用する。

（胎児の認知及び認知の無効に関する経過措置）

第五条　新民法第七百八十三条第二項の規定は、施行日以後に生まれる子について適用する。

2　新民法第七百八十六条の規定は、施行日以後にされる認知について適用し、施行日前にされた認知に対する反対の事実の主張については、なお従前の例による。

（政令への委任）

第六条　この附則に定めるもののほか、この法律の施行に関し必要な経過措置は、政令で定める。

## 資料 4-1　民法等の一部を改正する法律案に対する附帯決議

　　　　民法等の一部を改正する法律案に対する附帯決議

　政府及び最高裁判所は、本法の施行に当たり、次の事項について格段の配慮をすべきである。

一　嫡出の推定が及ぶ範囲の見直し及びこれに伴う女性に係る再婚禁止期間の廃止など本法による改正内容について十分な周知に努めること。特に、本法の施行の日前に生まれた子に適用される子及び母の否認権の行使については本法の施行の日から一年間に限り認められていることに鑑み、対象となる無戸籍者等に対する周知が遺漏なく行われるよう努めること。

二　本改正が無戸籍者対策として行われることに伴い、無戸籍者が司法手続を利用しやすくするための支援や、行政サービスを受けられるよう、関係機関が綿密な連携に努めること。

三　母や子が父を相手に否認権を行使するに当たり、ＤＶや児童虐待等がある場合があることを踏まえ、相手方と対面することなく、また、相手方に住所等を知られることなく手続を行うことができる措置を講じるなどの柔軟な運用について周知すること。

四　本法施行後も、本改正が無戸籍者問題の解消に資するものとなっているかを継続して検証し、必要に応じて、嫡出推定制度等について更なる検討を行うこと。

五　国籍法第三条の改正により、国籍取得後に事実に反する認知が明らかとなった場合には、認知の無効を争うことができなくなった後であっても当該認知された子の国籍取得が当初から無効であったこととなり日本国籍が認められなくなることを踏まえ、無国籍者の発生防止の観点や日本人として生活していた実態等を十分に勘案して、帰化又は在留資格の付与に係る手続において柔軟かつ人道的な対応を行うこと。

六　民法の懲戒権の規定に関しては、児童虐待の口実として使われることを防止するために当該規定の削除等が行われることを踏まえ、体罰等は許されないという認識を社会全体で共有するために積極的かつ細やかな広報活動を行うなど、本改正の趣旨についての周知徹底及び関係機関との連携に努めること。

**資料 4-2**　**民法等の一部を改正する法律案に対する附帯決議**

　　民法等の一部を改正する法律案に対する附帯決議

令和四年十二月八日<br>参議院法務委員会

　政府及び最高裁判所は、本法の施行に当たり、次の事項について格段の配慮をすべきである。

一　嫡出の推定が及ぶ範囲の見直し及びこれに伴う女性に係る再婚禁止期間の廃止など本法による改正内容について十分な周知に努めること。特に、本法の施行の日前に生まれた子に適用される子及び母の否認権の行使については本法の施行の日から一年間に限り認められていることに鑑み、対象となる無戸籍者等に対する周知が遺漏なく行われるよう努めること。

二　本改正が無戸籍者対策として行われることに伴い、無戸籍者が司法手続を利用しやすくするための支援や、行政サービスを受けられるよう、関係機関が綿密な連携に努めること。

三　母や子が父を相手に否認権を行使するに当たり、ＤＶや児童虐待等がある場合があることを踏まえ、相手方と対面することなく、また、相手方に住所等を知られることなく手続を行うことができる措置を講じるなどの柔軟な運用について周知すること。

四　本法施行後も、本改正が無戸籍者問題の解消に資するものとなっているかを継続して検証し、必要に応じて、嫡出推定制度等について更なる検討を行うこと。

五　国籍法第三条の改正により、国籍取得後に事実に反する認知が明らかとなった場合には、認知の無効を争うことができなくなった後であっても当該認知された子の国籍取得が当初から無効であったこととなり日本国籍が認められなくなることを踏まえ、無国籍者の発生防止・削減の観点や日本人として生活していた実態等を十分に勘案して、当該子の法的地位を速やかに安定させるよう、帰化又は在留資格の付与に係る手続において柔軟かつ人道的な対応を行うこと。

六　政府は、本法施行後、国籍取得後に事実に反する認知が明らかになり、国籍取得が当初から無効となる子の件数及びその原因を把握し、必要に応じて、それに伴う課題等の有無を検討すること。

七　民法の懲戒権の規定に関しては、児童虐待の口実として使われることを防止するために当該規定の削除等が行われることを踏まえ、体罰等は許されないという認識を社会全体で共有するために積極的かつ細やかな広報活動を行うなど、本改正の趣旨についての周知徹底及び関係機関との連携に努めること。

　　右決議する。

**資料5　民法等の一部を改正する法律案要綱**

民法等の一部を改正する法律案要綱

第一　民法の一部改正

一　再婚禁止期間の撤廃

1　第七百三十三条の規定は、削除するものとすること。（第七百三十三条関係）

2　第七百四十六条の規定は、削除するものとすること。（第七百四十六条関係）

二　嫡出の推定

1　妻が婚姻中に懐胎した子は、当該婚姻における夫の子と推定するものとすること。女が婚姻前に懐胎した子であって、婚姻が成立した後に生まれたものも、同様とするものとすること。（第七百七十二条第一項関係）

2　1の場合において、婚姻の成立の日から二百日以内に生まれた子は、婚姻前に懐胎したものと推定し、婚姻の成立の日から二百日を経過した後又は婚姻の解消若しくは取消しの日から三百日以内に生まれた子は、婚姻中に懐胎したものと推定するものとすること。（第七百七十二条第二項関係）

3　1の場合において、女が子を懐胎した時から子の出生の時までの間に二以上の婚姻をしていたときは、その子は、その出生の直近の婚姻における夫の子と推定するものとすること。（第七百七十二条第三項関係）

4　1から3までの規定により父が定められた子について、四の規定によりその父の嫡出であることが否認された場合における3の規定の適用については、3中「直近の婚姻」とあるのは、「直近の婚姻（四の規定により子がその嫡出であることが否認された夫との間の婚姻を除く。）」とするものとすること。（第七百七十二条第四項関係）

三　父を定めることを目的とする訴え

重婚の禁止の規定に違反して婚姻をした女が出産した場合において、二の規定によりその子の父を定めることができないときは、裁判所が、これを定めるものとすること。（第七百七十三条関係）

四　嫡出の否認

1　二の規定により子の父が定められる場合において、父又は子は、子が嫡出であることを否認することができるものとすること。（第七百七十四条第一項関係）

2　1の規定による子の否認権は、親権を行う母、親権を行う養親又は未成年後見人が、子のために行使することができるものとすること。（第七百七十

四条第二項関係）

3　1に規定する場合において、母は、子が嫡出であることを否認することができるものとすること。ただし、その否認権の行使が子の利益を害することが明らかなときは、この限りでないものとすること。（第七百七十四条第三項関係）

4　二3の規定により子の父が定められる場合において、子の懐胎の時から出生の時までの間に母と婚姻していた者であって、子の父以外のもの（以下第一において「前夫」という。）は、子が嫡出であることを否認することができるものとすること。ただし、その否認権の行使が子の利益を害することが明らかなときは、この限りでないものとすること。（第七百七十四条第四項関係）

5　4の規定による否認権を行使し、二4の規定により読み替えられた二3の規定により新たに子の父と定められた者は、1の規定にかかわらず、子が自らの嫡出であることを否認することができないものとすること。（第七百七十四条第五項関係）

五　嫡出否認の訴え

1　次の㈠から㈣までに掲げる否認権は、それぞれ当該㈠から㈣までに定める者に対する嫡出否認の訴えによって行うものとすること。（第七百七十五条第一項関係）

㈠　父の否認権　子又は親権を行う母

㈡　子の否認権　父

㈢　母の否認権　父

㈣　前夫の否認権　父及び子又は親権を行う母

2　1㈠又は㈣に掲げる否認権を親権を行う母に対し行使しようとする場合において、親権を行う母がないときは、家庭裁判所は、特別代理人を選任しなければならないものとすること。（第七百七十五条第二項関係）

六　嫡出の承認

父又は母は、子の出生後において、その嫡出であることを承認したときは、それぞれその否認権を失うものとすること。（第七百七十六条関係）

七　嫡出否認の訴えの出訴期間

1　次の㈠から㈣までに掲げる否認権の行使に係る嫡出否認の訴えは、それぞれ当該㈠から㈣までに定める時から三年以内に提起しなければならないものとすること。（第七百七十七条関係）

㈠　父の否認権　父が子の出生を知った時

㈡　子の否認権　その出生の時

　　㈢　母の否認権　子の出生の時

　　㈣　前夫の否認権　前夫が子の出生を知った時

　2　二3の規定により父が定められた子について四の規定により嫡出であることが否認されたときは、次の㈠から㈣までに掲げる否認権の行使に係る嫡出否認の訴えは、1の規定にかかわらず、それぞれ当該㈠から㈣までに定める時から一年以内に提起しなければならないものとすること。（第七百七十八条関係）

　　㈠　二4の規定により読み替えられた二3の規定により新たに子の父と定められた者の否認権　新たに子の父と定められた者が当該子に係る嫡出否認の裁判が確定したことを知った時

　　㈡　子の否認権　子が㈠の裁判が確定したことを知った時

　　㈢　母の否認権　母が㈠の裁判が確定したことを知った時

　　㈣　前夫の否認権　前夫が㈠の裁判が確定したことを知った時

　3　1（㈡に係る部分に限る。）又は2（㈡に係る部分に限る。）の期間の満了前六箇月以内の間に親権を行う母、親権を行う養親及び未成年後見人がないときは、子は、母若しくは養親の親権停止の期間が満了し、親権喪失若しくは親権停止の審判の取消しの審判が確定し、若しくは親権が回復された時、新たに養子縁組が成立した時又は未成年後見人が就職した時から六箇月を経過するまでの間は、嫡出否認の訴えを提起することができるものとすること。（第七百七十八条の二第一項関係）

　4　子は、その父と継続して同居した期間（当該期間が二以上あるときは、そのうち最も長い期間）が三年を下回るときは、1（㈡に係る部分に限る。）及び2（㈡に係る部分に限る。）の規定にかかわらず、二十一歳に達するまでの間、嫡出否認の訴えを提起することができるものとすること。ただし、子の否認権の行使が父による養育の状況に照らして父の利益を著しく害するときは、この限りでないものとすること。（第七百七十八条の二第二項関係）

　5　四2の規定は、4の場合には、適用しないものとすること。（第七百七十八条の二第三項関係）

　6　1（㈣に係る部分に限る。）及び2（㈣に係る部分に限る。）に掲げる否認権の行使に係る嫡出否認の訴えは、子が成年に達した後は、提起することができないものとすること。（第七百七十八条の二第四項関係）

八　子の監護に要した費用の償還の制限

　　四の規定により嫡出であることが否認された場合であっても、子は、父であった者が支出した子の監護に要した費用を償還する義務を負わないものとすること。（第七百七十八条の三関係）

九　相続の開始後に新たに子と推定された者の価額の支払請求権

　　相続の開始後、四の規定により否認権が行使され、二4の規定により読み替えられた二3の規定により新たに被相続人がその父と定められた者が相続人として遺産の分割を請求しようとする場合において、他の共同相続人が既にその分割その他の処分をしていたときは、当該相続人の遺産分割の請求は、価額のみによる支払の請求により行うものとすること。（第七百七十八条の四関係）

十　胎児の認知

　　認知された胎児が出生した場合において、二の規定によりその子の父が定められるときは、胎児の認知は、その効力を生じないものとすること。（第七百八十三条第二項関係）

十一　認知の無効の訴え

　1　次の㈠から㈢までに掲げる者は、それぞれ当該㈠から㈢までに定める時（胎児の認知がされた場合にあっては、子の出生の時）から七年以内に限り、認知について反対の事実があることを理由として、認知の無効の訴えを提起することができるものとすること。ただし、㈢に掲げる者について、その認知の無効の主張が子の利益を害することが明らかなときは、この限りでないものとすること。（第七百八十六条第一項関係）

　　㈠　子又はその法定代理人　子又はその法定代理人が認知を知った時

　　㈡　認知をした者　認知の時

　　㈢　子の母　子の母が認知を知った時

　2　子は、その子を認知した者と認知後に継続して同居した期間（当該期間が二以上あるときは、そのうち最も長い期間）が三年を下回るときは、1（㈠に係る部分に限る。）の規定にかかわらず、二十一歳に達するまでの間、認知の無効の訴えを提起することができるものとすること。ただし、子による認知の無効の主張が認知をした者による養育の状況に照らして認知をした者の利益を著しく害するときは、この限りでないものとすること。（第七百八十六条第二項関係）

　3　2の規定は、2に規定する子の法定代理人が1の認知の無効の訴えを提起する場合には、適用しないものとすること。（第七百八十六条第三項関係）

　4　1及び2の規定により認知が無効とされた場合であっても、子は、認知をした者が支出した子の監護に要した費用を償還する義務を負わないものとすること。（第七百八十六条第四項関係）

十二　子の人格の尊重等

　1　親権を行う者は、第八百二十条の規定による監護及び教育をするに当たっては、子の人格を尊重するとともに、その年齢及び発達の程度に配慮しなけ

　　　　ればならず、かつ、体罰その他の子の心身の健全な発達に有害な影響を及ぼ
　　　　す言動をしてはならないものとすること。（第八百二十一条関係）
　　　2　第八百二十二条を削り、第八百二十一条を第八百二十二条とするものとす
　　　　ること。（第八百二十二条関係）
第二　児童福祉法の一部改正
　一　児童相談所長は、一時保護が行われた児童で親権を行う者又は未成年後見人
　　　のあるものについても、監護及び教育に関し、その児童の福祉のため必要な措
　　　置をとることができるものとすること。この場合において、児童相談所長は、
　　　児童の人格を尊重するとともに、その年齢及び発達の程度に配慮しなければな
　　　らず、かつ、体罰その他の児童の心身の健全な発達に有害な影響を及ぼす言動
　　　をしてはならないものとすること。（第三十三条の二第二項関係）
　二　児童福祉施設の長、その住居において養育を行う第六条の三第八項に規定す
　　　る厚生労働省令で定める者又は里親（以下「施設長等」という。）は、入所中
　　　又は受託中の児童で親権を行う者又は未成年後見人のあるものについても、監
　　　護及び教育に関し、その児童の福祉のため必要な措置をとることができるもの
　　　とすること。この場合において、施設長等は、児童の人格を尊重するととも
　　　に、その年齢及び発達の程度に配慮しなければならず、かつ、体罰その他の児
　　　童の心身の健全な発達に有害な影響を及ぼす言動をしてはならないものとする
　　　こと。（第四十七条第三項関係）
第三　国籍法の一部改正
　　　認知された子の国籍の取得に関する規定は、認知について反対の事実があると
　　　きは、適用しないものとすること。（第三条第三項関係）
第四　児童虐待の防止等に関する法律の一部改正
　　　児童の親権を行う者は、児童のしつけに際して、児童の人格を尊重するととも
　　　に、その年齢及び発達の程度に配慮しなければならず、かつ、体罰その他の児童
　　　の心身の健全な発達に有害な影響を及ぼす言動をしてはならないものとするこ
　　　と。（第十四条第一項関係）
第五　人事訴訟法の一部改正
　一　当事者の死亡による人事訴訟の終了
　　　　離婚、嫡出否認（父を被告とする場合を除く。）又は離縁を目的とする人事訴
　　　訟の係属中に被告が死亡した場合には、当該人事訴訟は、第二十六条第二項の
　　　規定にかかわらず、当然に終了するものとすること。（第二十七条第二項関係）
　二　嫡出否認の訴えの当事者等
　　　1　父が子の出生前に死亡したとき又は第一の七1（㈠に係る部分に限る。）
　　　　若しくは第一の七2（㈠に係る部分に限る。）に定める期間内に嫡出否認の

訴えを提起しないで死亡したときは、その子のために相続権を害される者その他父の三親等内の血族は、父の死亡の日から一年以内に限り、嫡出否認の訴えを提起することができるものとすること。（第四十一条第一項関係）

2　第一の四4に規定する前夫は、第一の五1（四）に係る部分に限る。）の規定により嫡出否認の訴えを提起する場合において、子の懐胎の時から出生の時までの間に、当該前夫との婚姻の解消又は取消しの後に母と婚姻していた者（父を除く。）がいるときは、その嫡出否認の訴えに併合してそれらの者を被告とする嫡出否認の訴えを提起しなければならないものとすること。（第四十一条第三項関係）

3　2の規定により併合して提起された嫡出否認の訴えの弁論及び裁判は、それぞれ分離しないでしなければならないものとすること。（第四十一条第四項関係）

三　嫡出否認の判決の通知

裁判所は、第一の二3の規定により父が定められる子について嫡出否認の判決が確定したときは、第一の四4に規定する前夫（訴訟記録上その氏名及び住所又は居所が判明しているものに限る。）に対し、当該判決の内容を通知するものとすること。（第四十二条関係）

四　認知の無効の訴えの当事者等

1　二1及び第四十一条第二項の規定は、第一の十一に規定する認知の無効の訴えについて準用するものとすること。（第四十三条第一項関係）

2　子が第一の十一1（一）に係る部分に限る。）に定める期間内に認知の無効の訴えを提起しないで死亡したときは、子の直系卑属又はその法定代理人は、認知の無効の訴えを提起することができるものとすること。この場合においては、子の死亡の日から一年以内にその訴えを提起しなければならないものとすること。（第四十三条第二項関係）

3　子が第一の十一1（一）に係る部分に限る。）に定める期間内に認知の無効の訴えを提起した後に死亡した場合には、2の規定により認知の無効の訴えを提起することができる者は、子の死亡の日から六月以内に訴訟手続を受け継ぐことができるものとすること。この場合においては、民事訴訟法第百二十四条第一項後段の規定は、適用しないものとすること。（第四十三条第三項関係）

第六　家事事件手続法の一部改正

一　嫡出否認の訴えの特別代理人の選任の審判事件

第百十八条の規定は、嫡出否認の訴えの特別代理人の選任の審判事件における父及び第一の四4に規定する前夫について準用するものとすること。（第百

　　五十九条第二項関係）

　二　嫡出否認の審判の通知

　　　家庭裁判所は、第一の二3の規定により父が定められる子の嫡出否認についての合意に相当する審判が確定したときは、第一の四4に規定する前夫（事件の記録上その氏名及び住所又は居所が判明しているものに限る。）に対し、当該合意に相当する審判の内容を通知するものとすること。（第二百八十三条の二関係）

　三　認知の無効についての調停の申立ての特則

　　1　認知をした者が認知について反対の事実があることを理由とする認知の無効についての調停の申立てをした後に死亡した場合において、当該申立てに係る子のために相続権を害される者その他認知をした者の三親等内の血族が認知をした者の死亡の日から一年以内に認知について反対の事実があることを理由とする認知の無効の訴えを提起したときは、認知をした者がした調停の申立ての時に、その訴えの提起があったものとみなすものとすること。（第二百八十三条の三第一項関係）

　　2　子が認知について反対の事実があることを理由とする認知の無効についての調停の申立てをした後に死亡した場合において、子の直系卑属又はその法定代理人が子の死亡の日から一年以内に認知について反対の事実があることを理由とする認知の無効の訴えを提起したときは、子がした調停の申立ての時に、その訴えの提起があったものとみなすものとすること。（第二百八十三条の三第二項関係）

第七　生殖補助医療の提供等及びこれにより出生した子の親子関係に関する民法の特例に関する法律の一部改正

　　妻が、夫の同意を得て、夫以外の男性の精子（その精子に由来する胚を含む。）を用いた生殖補助医療により懐胎した子については、夫、子又は妻は、第一の四1及び3の規定にかかわらず、その子が嫡出であることを否認することができないものとすること。（第十条関係）

第八　その他

　　その他所要の規定を整備するものとすること。

第九　附則

　一　この法律は、公布の日から起算して一年六月を超えない範囲内において政令で定める日から施行するものとすること。ただし、第一の十二、第二及び第四については、公布の日から施行するものとすること。（附則第一条関係）

　二　この法律の施行に伴う所要の経過措置を定めるものとすること。（附則第二条から第六条まで関係）

# ●事項索引

一問一答　令和4年民法等改正
──親子法制の見直し

2024年2月20日　初版第1刷発行

編 著 者　　佐　藤　隆　幸

発 行 者　　石　川　雅　規

発 行 所　　株式会社　商 事 法 務
　　　　　　〒103-0027 東京都中央区日本橋 3-6-2
　　　　　　TEL 03-6262-6756・FAX 03-6262-6804〔営業〕
　　　　　　TEL 03-6262-6769〔編集〕
　　　　　　https://www.shojihomu.co.jp/

落丁・乱丁本はお取り替えいたします。　　　　印刷／大日本法令印刷
© 2024 Takayuki Sato　　　　　　　　　　　Printed in Japan
　　　　　　　　　*Shojihomu Co., Ltd.*
　　　　　　ISBN978-4-7857-3075-8
　　　　＊定価はカバーに表示してあります。